TRANZLATY

Η γλώσσα είναι για όλους

Language is for everyone

Η Μικρή Γοργόνα
The Little Mermaid

Χανς Κρίστιαν Άντερσεν

Hans Christian Andersen

ελληνικά / English

Copyright © 2023 Tranzlaty
All rights reserved.
Published by Tranzlaty
ISBN: 978-1-83566-939-6
Original text by Hans Christian Andersen
Den Lille Havfrue
First published in Danish in 1837
www.tranzlaty.com

Το παλάτι του βασιλιά της θάλασσας
The Sea King's Palace

Πολύ έξω στον ωκεανό, όπου το νερό είναι μπλε
Far out in the ocean, where the water is blue
Εδώ το νερό είναι τόσο γαλάζιο όσο το πιο όμορφο κενταύριο
here the water is as blue as the prettiest cornflower
και το νερό είναι καθαρό σαν τον πιο αγνό κρύσταλλο
and the water is as clear as the purest crystal
αυτό το νερό, μακριά στον ωκεανό είναι πολύ, πολύ βαθύ
this water, far out in the ocean is very, very deep
νερό τόσο βαθιά, πράγματι, που κανένα καλώδιο δεν μπορούσε να φτάσει στον πάτο
water so deep, indeed, that no cable could reach the bottom
θα μπορούσατε να στοιβάζετε πολλά καμπαναριά εκκλησιών το ένα πάνω στο άλλο
you could pile many church steeples upon each other
αλλά όλες οι εκκλησίες δεν μπορούσαν να φτάσουν στην επιφάνεια του νερού
but all the churches could not reach the surface of the water
Εκεί κατοικεί ο Βασιλιάς της Θάλασσας και οι υπήκοοί του
There dwell the Sea King and his subjects
μπορεί να νομίζετε ότι είναι απλώς γυμνή κίτρινη άμμος στο κάτω μέρος
you might think it is just bare yellow sand at the bottom
αλλά δεν πρέπει να φανταστούμε ότι δεν υπάρχει τίποτα εκεί
but we must not imagine that there is nothing there
πάνω σε αυτή την άμμο φυτρώνουν τα πιο παράξενα λουλούδια και φυτά
on this sand grow the strangest flowers and plants
και δεν μπορείτε να φανταστείτε πόσο εύκαμπτα είναι τα φύλλα και οι μίσχοι

and you can't imagine how pliant the leaves and stems are
η παραμικρή ανάδευση του νερού προκαλεί ανάδευση των φύλλων
the slightest agitation of the water causes the leaves to stir
είναι σαν κάθε φύλλο να είχε τη δική του ζωή
it is as if each leaf had a life of its own
Τα ψάρια, μεγάλα και μικρά, γλιστρούν ανάμεσα στα κλαδιά
Fishes, both large and small, glide between the branches
όπως όταν τα πουλιά πετούν ανάμεσα στα δέντρα εδώ στη στεριά
just like when birds fly among the trees here upon land

Στο βαθύτερο σημείο όλων βρίσκεται ένα όμορφο κάστρο
In the deepest spot of all stands a beautiful castle
αυτό το όμορφο κάστρο είναι το κάστρο του βασιλιά της θάλασσας
this beautiful castle is the castle of the Sea King
τα τείχη του κάστρου είναι χτισμένα από κοράλλια
the walls of the castle are built of coral
και τα μακριά γοτθικά παράθυρα είναι από το πιο καθαρό κεχριμπαρένιο
and the long Gothic windows are of the clearest amber
Η οροφή του κάστρου σχηματίζεται από θαλάσσια κοχύλια
The roof of the castle is formed of sea shells
και τα κοχύλια ανοιγοκλείνουν καθώς το νερό κυλάει από πάνω τους
and the shells open and close as the water flows over them
Η εμφάνισή τους είναι πιο όμορφη από ό,τι μπορεί να περιγραφεί
Their appearance is more beautiful than can be described
μέσα σε κάθε κέλυφος υπάρχει ένα *αστραφτερό μαργαριτάρι*
within each shell there lies a glittering pearl

και κάθε μαργαριτάρι θα ταίριαζε για το διάδημα μιας βασίλισσας
and each pearl would be fit for the diadem of a queen

Ο Βασιλιάς της Θάλασσας ήταν χήρος για πολλά χρόνια
The Sea King had been a widower for many years
και η ηλικιωμένη μητέρα του φρόντιζε το σπίτι για αυτόν
and his aged mother looked after the household for him
Ήταν μια πολύ λογική γυναίκα
She was a very sensible woman
αλλά ήταν εξαιρετικά περήφανη για τη βασιλική της γέννηση
but she was exceedingly proud of her royal birth
και γι' αυτό φορούσε δώδεκα στρείδια στην ουρά της
and on that account she wore twelve oysters on her tail
άλλοι υψηλού βαθμού είχαν το δικαίωμα να φορούν μόνο έξι στρείδια
others of high rank were only allowed to wear six oysters
Της άξιζε, ωστόσο, πολύ μεγάλος έπαινος
She was, however, deserving of very great praise
υπήρχε κάτι για το οποίο της άξιζε ιδιαίτερα επαίνους
there was something she especially deserved praise for
πρόσεχε πολύ τις μικρές πριγκίπισσες της θάλασσας
she took great care of the little sea princesses
είχε έξι εγγονές που αγαπούσε
she had six granddaughters that she loved
όλες οι πριγκίπισσες της θάλασσας ήταν όμορφα παιδιά
all the sea princesses were beautiful children
αλλά η νεότερη πριγκίπισσα της θάλασσας ήταν η πιο όμορφη από αυτές
but the youngest sea princess was the prettiest of them
Το δέρμα της ήταν καθαρό και λεπτό σαν φύλλο τριαντάφυλλου

Her skin was as clear and delicate as a rose leaf
και τα μάτια της ήταν γαλανά σαν τη βαθύτερη θάλασσα
and her eyes were as blue as the deepest sea
αλλά, όπως όλες οι άλλες, δεν είχε πόδια
but, like all the others, she had no feet
και στην άκρη του κορμιού της ήταν μια ουρά ψαριού
and at the end of her body was a fish's tail

Όλη μέρα έπαιζαν στις μεγάλες αίθουσες του κάστρου
All day long they played in the great halls of the castle
έξω από τα τείχη του κάστρου φύτρωσαν όμορφα λουλούδια
out of the walls of the castle grew beautiful flowers
και της άρεσε να παίζει ανάμεσα στα ζωντανά λουλούδια
and she loved to play among the living flowers
Τα μεγάλα κεχριμπαρένια παράθυρα ήταν ανοιχτά και τα ψάρια κολύμπησαν μέσα
The large amber windows were open, and the fish swam in
είναι ακριβώς όπως όταν αφήνουμε τα παράθυρα ανοιχτά
it is just like when we leave the windows open
και μετά τα όμορφα χελιδόνια πετούν στα σπίτια μας
and then the pretty swallows fly into our houses
μόνο τα ψάρια κολύμπησαν μέχρι τις πριγκίπισσες
only the fishes swam up to the princesses
ήταν οι μόνοι που έφαγαν από τα χέρια της
they were the only ones that ate out of her hands
και επέτρεψαν να τους χαϊδέψει
and they allowed themselves to be stroked by her

Έξω από το κάστρο υπήρχε ένας όμορφος κήπος
Outside the castle there was a beautiful garden
στον κήπο φύτρωναν φωτεινά-κόκκινα και σκούρα μπλε λουλούδια

in the garden grew bright-red and dark-blue flowers
και φύτρωσαν άνθη σαν φλόγες φωτιάς
and there grew blossoms like flames of fire
ο καρπός στα φυτά άστραφτε σαν χρυσός
the fruit on the plants glittered like gold
και τα φύλλα και τα στελέχη κουνούσαν συνέχεια πέρα δώθε
and the leaves and stems continually waved to and fro
Η γη στο έδαφος ήταν η πιο ψιλή άμμος
The earth on the ground was the finest sand
αλλά αυτή η άμμος δεν έχει το χρώμα της άμμου που ξέρουμε
but this sand does not have the colour of the sand we know
αυτή η άμμος είναι τόσο μπλε όσο η φλόγα του θείου που καίγεται
this sand is as blue as the flame of burning sulphur
Πάνω από όλα κρυβόταν μια ιδιόμορφη μπλε λάμψη
Over everything lay a peculiar blue radiance
είναι λες και ο γαλάζιος ουρανός ήταν παντού
it is as if the blue sky were everywhere
το μπλε του ουρανού ήταν πάνω και κάτω
the blue of the sky was above and below
Με ήρεμο καιρό ο ήλιος φαινόταν
In calm weather the sun could be seen
από εδώ ο ήλιος έμοιαζε με κοκκινωπό-μωβ λουλούδι
from here the sun looked like a reddish-purple flower
και το φως έτρεχε από τον κάλυκα του λουλουδιού
and the light streamed from the calyx of the flower

ο κήπος του παλατιού χωρίστηκε σε πολλά μέρη
the palace garden was divided into several parts
Κάθε μια από τις πριγκίπισσες είχε το δικό της μικρό οικόπεδο
Each of the princesses had their own little plot of ground
σε αυτό το οικόπεδο μπορούσαν να φυτέψουν ό,τι λουλούδια ήθελαν

on this plot they could plant whatever flowers they pleased
μια πριγκίπισσα τακτοποίησε το παρτέρι της με τη μορφή μιας φάλαινας
one princess arranged her flower bed in the form of a whale
μια πριγκίπισσα τακτοποίησε τα λουλούδια της σαν μια μικρή γοργόνα
one princess arranged her flowers like a little mermaid
και το μικρότερο παιδί έκανε τον κήπο της στρογγυλό, σαν τον ήλιο
and the youngest child made her garden round, like the sun
και στον κήπο της φύτρωναν όμορφα κόκκινα λουλούδια
and in her garden grew beautiful red flowers
αυτά τα λουλούδια ήταν τόσο κόκκινα όσο οι ακτίνες του ηλιοβασιλέματος
these flowers were as red as the rays of the sunset

Ήταν ένα παράξενο παιδί. ήσυχο και στοχαστικό
She was a strange child; quiet and thoughtful
οι αδερφές της έδειχναν χαρά για τα υπέροχα πράγματα
her sisters showed delight at the wonderful things
τα πράγματα που απέκτησαν από τα ναυάγια των σκαφών
the things they obtained from the wrecks of vessels
αλλά νοιαζόταν μόνο για τα όμορφα κόκκινα λουλούδια της
but she cared only for her pretty red flowers
αν και υπήρχε κι ένα όμορφο μαρμάρινο άγαλμα
although there was also a beautiful marble statue
το άγαλμα ήταν η αναπαράσταση ενός όμορφου αγοριού
the statue was the representation of a handsome boy
το αγόρι είχε σκαλιστεί από καθαρή λευκή πέτρα
the boy had been carved out of pure white stone
και το άγαλμα είχε πέσει στο βυθό της θάλασσας από ένα ναυάγιο

and the statue had fallen to the bottom of the sea from a wreck
γι' αυτό το μαρμάρινο άγαλμα ενός αγοριού που νοιαζόταν κι εκείνη
for this marble statue of a boy she cared about too

Φύτεψε, δίπλα στο άγαλμα, μια ροζ ιτιά που κλαίει
She planted, by the statue, a rose-colored weeping willow
και σύντομα η ιτιά που κλαίει κρέμασε τα φρέσκα κλαδιά της πάνω από το άγαλμα
and soon the weeping willow hung its fresh branches over the statue
τα κλαδιά σχεδόν έφταναν μέχρι τις γαλάζιες αμμουδιές
the branches almost reached down to the blue sands
Οι σκιές του δέντρου είχαν το χρώμα της βιολετί
The shadows of the tree had the color of violet
και οι σκιές κυμάτιζαν πέρα δώθε σαν τα κλαδιά
and the shadows waved to and fro like the branches
όλα αυτά δημιούργησαν την πιο ενδιαφέρουσα ψευδαίσθηση
all of this created the most interesting illusion
ήταν σαν να έπαιζε το στέμμα του δέντρου και οι ρίζες
it was as if the crown of the tree and the roots were playing
φαινόταν σαν να προσπαθούσαν να φιληθούν
it looked as if they were trying to kiss each other

η μεγαλύτερη χαρά της ήταν να ακούει για τον κόσμο από πάνω
her greatest pleasure was hearing about the world above
τον κόσμο πάνω από τη βαθιά θάλασσα που ζούσε
the world above the deep sea she lived in
Έκανε τη γριά γιαγιά της να της πει τα πάντα για τον πάνω κόσμο
She made her old grandmother tell her all about the upper world
τα πλοία και οι πόλεις, οι άνθρωποι και τα ζώα

the ships and the towns, the people and the animals
εκεί ψηλά τα λουλούδια της γης είχαν άρωμα
up there the flowers of the land had fragrance
τα λουλούδια κάτω από τη θάλασσα δεν είχαν άρωμα
the flowers below the sea had no fragrance
εκεί ψηλά τα δέντρα του δάσους ήταν πράσινα
up there the trees of the forest were green
και τα ψάρια στα δέντρα μπορούσαν να τραγουδήσουν όμορφα
and the fishes in the trees could sing beautifully
εκεί πάνω ήταν απόλαυση να ακούω τα ψάρια
up there it was a pleasure to listen to the fish
η γιαγιά της αποκαλούσε τα πουλιά ψάρια
her grandmother called the birds fishes
αλλιώς η μικρή γοργόνα δεν θα το είχε καταλάβει
else the little mermaid would not have understood
γιατί η μικρή γοργόνα δεν είχε δει πουλιά
because the little mermaid had never seen birds

η γιαγιά της της μίλησε για τις ιεροτελεστίες των γοργόνων
her grandmother told her about the rites of mermaids
«Μια μέρα θα φτάσεις στο δεκαπέντε έτος»
"one day you will reach your fifteenth year"
«τότε θα έχεις άδεια να βγεις στην επιφάνεια»
"then you will have permission to go to the surface"
"Θα μπορέσεις να καθίσεις στα βράχια στο φως του φεγγαριού"
"you will be able to sit on the rocks in the moonlight"
"και θα δεις τα μεγάλα πλοία να περνούν"
"and you will see the great ships go sailing by"
«Τότε θα δεις δάση και πόλεις και τους ανθρώπους»
"Then you will see forests and towns and the people"

την επόμενη χρονιά μια από τις αδερφές θα ήταν δεκαπέντε

the following year one of the sisters was going to be fifteen
αλλά κάθε αδερφή ήταν ένα χρόνο μικρότερη από την άλλη
but each sister was a year younger than the other
η μικρότερη αδερφή θα έπρεπε να περιμένει πέντε χρόνια πριν τη σειρά της
the youngest sister was going to have to wait five years before her turn
μόνο τότε θα μπορούσε να σηκωθεί από τον βυθό του ωκεανού
only then could she rise up from the bottom of the ocean
και μόνο τότε θα μπορούσε να δει τη γη όπως εμείς
and only then could she see the earth as we do
Ωστόσο, κάθε μια από τις αδερφές έδωσε η μια στην άλλη μια υπόσχεση
However, each of the sisters made each other a promise
επρόκειτο να πουν στους άλλους αυτό που είχαν δει
they were going to tell the others what they had seen
Η γιαγιά τους δεν μπορούσε να τους πει αρκετά
Their grandmother could not tell them enough
υπήρχαν τόσα πολλά πράγματα για τα οποία ήθελαν να μάθουν
there were so many things they wanted to know about

η μικρότερη αδερφή λαχταρούσε περισσότερο τη σειρά της
the youngest sister longed for her turn the most
αλλά, έπρεπε να περιμένει περισσότερο από όλες τις άλλες
but, she had to wait longer than all the others
και ήταν τόσο ήσυχη και σκεφτόταν τον κόσμο
and she was so quiet and thoughtful about the world
υπήρξαν πολλές νύχτες όπου στεκόταν δίπλα στο ανοιχτό παράθυρο
there were many nights where she stood by the open window

και σήκωσε το βλέμμα της μέσα από το σκούρο μπλε νερό
and she looked up through the dark blue water
και παρακολούθησε τα ψάρια καθώς πιτσίλησαν με τα πτερύγια τους
and she watched the fish as they splashed with their fins
Έβλεπε το φεγγάρι και τα αστέρια να λάμπουν αχνά
She could see the moon and stars shining faintly
αλλά από βαθιά κάτω από το νερό αυτά τα πράγματα φαίνονται διαφορετικά
but from deep below the water these things look different
το φεγγάρι και τα αστέρια φαίνονταν μεγαλύτερα από ό,τι στα μάτια μας
the moon and stars looked larger than they do to our eyes
μερικές φορές περνούσε κάτι σαν μαύρο σύννεφο
sometimes, something like a black cloud went past
ήξερε ότι θα μπορούσε να είναι μια φάλαινα που κολυμπούσε πάνω από το κεφάλι της
she knew that it could be a whale swimming over her head
ή θα μπορούσε να είναι ένα πλοίο, γεμάτο ανθρώπινα όντα
or it could be a ship, full of human beings
ανθρώπινα όντα που δεν μπορούσαν να φανταστούν τι υπήρχε κάτω από αυτά
human beings who couldn't imagine what was under them
μια όμορφη μικρή γοργόνα που απλώνει τα λευκά της χέρια
a pretty little mermaid holding out her white hands
μια όμορφη μικρή γοργόνα που φτάνει προς το πλοίο τους
a pretty little mermaid reaching towards their ship

Οι αδερφές της μικρής γοργόνας
The Little Mermaid's Sisters

Ήρθε η μέρα που η μεγαλύτερη γοργόνα είχε τα δεκαπέντε γενέθλιά της
The day came when the eldest mermaid had her fifteenth birthday
τώρα της επέτρεψαν να ανέβει στην επιφάνεια του ωκεανού
now she was allowed to rise to the surface of the ocean
και εκείνο το βράδυ κολύμπησε στην επιφάνεια
and that night she swum up to the surface
μπορείτε να φανταστείτε όλα τα πράγματα που είδε εκεί πάνω
you can imagine all the things she saw up there
και μπορείτε να φανταστείτε όλα τα πράγματα για τα οποία έπρεπε να μιλήσει
and you can imagine all the things she had to talk about
Αλλά το καλύτερο πράγμα, είπε, ήταν να ξαπλώσεις σε μια όχθη άμμου
But the finest thing, she said, was to lie on a sand bank
στην ήσυχη φεγγαρόλουστη θάλασσα, κοντά στην ακτή
in the quiet moonlit sea, near the shore
από εκεί είχε ατενίσει τα φώτα στη στεριά
from there she had gazed at the lights on the land
ήταν τα φώτα της κοντινής πόλης
they were the lights of the near-by town
τα φώτα είχαν λαμποκοπήσει σαν εκατοντάδες αστέρια
the lights had twinkled like hundreds of stars
είχε ακούσει τους ήχους της μουσικής από την πόλη
she had listened to the sounds of music from the town
είχε ακούσει θόρυβο από άμαξες που τραβούσαν τα άλογά τους
she had heard noise of carriages drawn by their horses
και είχε ακούσει τις φωνές των ανθρώπων

and she had heard the voices of human beings
και είχε ακούσει το χαρούμενο χτύπημα των κουδουνιών
and the had heard merry pealing of the bells
οι καμπάνες που χτυπούν στα καμπαναριά της εκκλησίας
the bells ringing in the church steeples
αλλά δεν μπορούσε να πλησιάσει όλα αυτά τα υπέροχα πράγματα
but she could not go near all these wonderful things
έτσι λαχταρούσε όλο και περισσότερο αυτά τα υπέροχα πράγματα
so she longed for these wonderful things all the more

μπορείτε να φανταστείτε πόσο ανυπόμονα άκουγε η μικρότερη αδερφή
you can imagine how eagerly the youngest sister listened
οι περιγραφές του πάνω κόσμου ήταν σαν όνειρο
the descriptions of the upper world were like a dream
μετά στάθηκε στο ανοιχτό παράθυρο του δωματίου της
afterwards she stood at the open window of her room
και κοίταξε στην επιφάνεια, μέσα από το σκούρο μπλε νερό
and she looked to the surface, through the dark-blue water
σκέφτηκε τη μεγάλη πόλη για την οποία της είχε πει η αδερφή της
she thought of the great city her sister had told her of
η μεγάλη πόλη με όλη της τη φασαρία και τον θόρυβο
the great city with all its bustle and noise
φανταζόταν ότι μπορούσε να ακούσει τον ήχο των κουδουνιών
she even fancied she could hear the sound of the bells
φαντάστηκε τον ήχο από τις καμπάνες που μεταφέρονταν στα βάθη της θάλασσας
she imagined the sound of the bells carried to the depths of the sea

μετά από άλλον έναν χρόνο η δεύτερη αδερφή είχε τα γενέθλιά της
after another year the second sister had her birthday
πήρε και αυτή άδεια να κολυμπήσει στην επιφάνεια
she too received permission to swim up to the surface
και από εκεί μπορούσε να κολυμπήσει όπου ήθελε
and from there she could swim about where she pleased
Είχε βγει στην επιφάνεια τη στιγμή που ο ήλιος έδυε
She had gone to the surface just as the sun was setting
αυτό, είπε, ήταν το πιο όμορφο θέαμα από όλα
this, she said, was the most beautiful sight of all
Όλος ο ουρανός έμοιαζε με δίσκο από καθαρό χρυσό
The whole sky looked like a disk of pure gold
και υπήρχαν σύννεφα βιολετί και τριανταφυλλιάς
and there were violet and rose-colored clouds
ήταν πολύ όμορφες για να τις περιγράψω, είπε
they were too beautiful to describe, she said
και είπε πώς τα σύννεφα παρέσυραν στον ουρανό
and she said how the clouds drifted across the sky
και κάτι είχε πετάξει πιο γρήγορα από τα σύννεφα
and something had flown by more swiftly than the clouds
ένα μεγάλο κοπάδι άγριων κύκνων πέταξε προς τη δύση του ηλίου
a large flock of wild swans flew toward the setting sun
οι κύκνοι ήταν σαν ένα μακρύ λευκό πέπλο πέρα από τη θάλασσα
the swans had been like a long white veil across the sea
Είχε προσπαθήσει επίσης να κολυμπήσει προς τον ήλιο
She had also tried to swim towards the sun
αλλά σε κάποια απόσταση ο ήλιος βυθίστηκε στα κύματα
but some distance away the sun sank into the waves
είδε πώς οι ρόδινες αποχρώσεις έσβησαν από τα σύννεφα
she saw how the rosy tints faded from the clouds

και είδε πώς είχε ξεθωριάσει και το χρώμα από τη θάλασσα
and she saw how the colour had also faded from the sea

την επόμενη χρονιά ήταν η σειρά της τρίτης αδερφής
the next year it was the third sister's turn
αυτή η αδερφή ήταν η πιο τολμηρή από όλες τις αδερφές
this sister was the most daring of all the sisters
κολύμπησε πάνω σε ένα πλατύ ποτάμι που χύνεται στη θάλασσα
she swam up a broad river that emptied into the sea
Στις όχθες του ποταμού είδε καταπράσινους λόφους
On the banks of the river she saw green hills
οι καταπράσινοι λόφοι ήταν καλυμμένοι με όμορφα κλήματα
the green hills were covered with beautiful vines
και στους λόφους υπήρχαν δάση από δέντρα
and on the hills there were forests of trees
και έξω από τα δάση ξεπήδησαν παλάτια και κάστρα
and out of the forests palaces and castles poked out
Είχε ακούσει πουλιά να τραγουδούν στα δέντρα
She had heard birds singing in the trees
και είχε νιώσει τις ακτίνες του ήλιου στο δέρμα της
and she had felt the rays of the sun on her skin
οι ακτίνες ήταν τόσο δυνατές που έπρεπε να βουτήξει πίσω
the rays were so strong that she had to dive back
και δρόσιζε το φλεγόμενο πρόσωπό της στο δροσερό νερό
and she cooled her burning face in the cool water
Σε ένα στενό ρυάκι βρήκε μια ομάδα μικρών παιδιών
In a narrow creek she found a group of little children
ήταν τα πρώτα ανθρώπινα παιδιά που είχε δει ποτέ
they were the first human children she had ever seen
Ήθελε να παίξει και με τα παιδιά

She wanted to play with the children too
αλλά τα παιδιά έφυγαν από κοντά της έντρομα
but the children fled from her in a great fright
και μετά ένα μικρό μαύρο ζωάκι ήρθε στο νερό
and then a little black animal came to the water
ήταν σκύλος, αλλά δεν ήξερε ότι ήταν σκύλος
it was a dog, but she did not know it was a dog
γιατί δεν είχε ξαναδεί σκύλο
because she had never seen a dog before
και ο σκύλος γάβγισε στη γοργόνα με μανία
and the dog barked at the mermaid furiously
τρόμαξε και όρμησε πίσω στην ανοιχτή θάλασσα
she became frightened and rushed back to the open sea
Αλλά είπε ότι δεν πρέπει ποτέ να ξεχάσει το όμορφο δάσος
But she said she should never forget the beautiful forest
τους καταπράσινους λόφους και τα όμορφα παιδιά
the green hills and the pretty children
της φάνηκε εξαιρετικά αστείο το πώς κολυμπούσαν
she found it exceptionally funny how they swam
γιατί τα ανθρωπάκια δεν είχαν ουρές
because the little human children didn't have tails
έτσι με τα ποδαράκια τους κλωτσούσαν το νερό
so with their little legs they kicked the water

Η τέταρτη αδερφή ήταν πιο δειλή από την προηγούμενη
The fourth sister was more timid than the last
Είχε αποφασίσει να μείνει στη μέση της θάλασσας
She had decided to stay in the midst of the sea
αλλά είπε ότι ήταν τόσο όμορφα εκεί όσο πιο κοντά στη στεριά
but she said it was as beautiful there as nearer the land
από την επιφάνεια έβλεπε πολλά μίλια γύρω της
from the surface she could see many miles around her
ο ουρανός από πάνω της έμοιαζε με γυάλινη καμπάνα

the sky above her looked like a bell of glass
και είχε δει τα πλοία να περνούν
and she had seen the ships sail by
αλλά τα πλοία βρίσκονταν σε πολύ μεγάλη απόσταση από αυτήν
but the ships were at a very great distance from her
και, με τα πανιά τους, τα πλοία έμοιαζαν με γλάρους
and, with their sails, the ships looked like sea gulls
είδε πώς τα δελφίνια έπαιζαν στα κύματα
she saw how the dolphins played in the waves
και οι μεγάλες φάλαινες έβγαζαν νερό από τα ρουθούνια τους
and great whales spouted water from their nostrils
σαν εκατό σιντριβάνια να παίζουν όλα μαζί
like a hundred fountains all playing together

Τα γενέθλια της πέμπτης αδερφής έγιναν το χειμώνα
The fifth sister's birthday occurred in the winter
έτσι είδε πράγματα που δεν είχαν δει οι άλλοι
so she saw things that the others had not seen
αυτή την εποχή του χρόνου η θάλασσα φαινόταν πράσινη
at this time of the year the sea looked green
μεγάλα παγόβουνα επέπλεαν στο πράσινο νερό
large icebergs were floating on the green water
και κάθε παγόβουνο έμοιαζε με μαργαριτάρι, είπε
and each iceberg looked like a pearl, she said
αλλά ήταν μεγαλύτερες και πιο ψηλές από τις εκκλησίες
but they were larger and loftier than the churches
και ήταν από τα πιο ενδιαφέροντα σχήματα
and they were of the most interesting shapes
και κάθε παγόβουνο άστραφτε σαν διαμάντια
and each iceberg glittered like diamonds
Είχε καθίσει σε ένα από τα παγόβουνα
She had seated herself on one of the icebergs

κι άφησε τον άνεμο να παίξει με τα μακριά της μαλλιά
and she let the wind play with her long hair
Παρατήρησε κάτι ενδιαφέρον στα πλοία
She noticed something interesting about the ships
όλα τα πλοία πέρασαν από τα παγόβουνα πολύ γρήγορα
all the ships sailed past the icebergs very rapidly
και απομακρύνθηκαν όσο πιο μακριά μπορούσαν
and they steered away as far as they could
ήταν σαν να φοβόντουσαν το παγόβουνο
it was as if they were afraid of the iceberg
έμεινε στη θάλασσα μέχρι το βράδυ
she stayed out at sea into the evening
ο ήλιος έπεσε και μαύρα σύννεφα σκέπασαν τον ουρανό
the sun went down and dark clouds covered the sky
η βροντή κύλησε στον ωκεανό των παγόβουνων
the thunder rolled across the ocean of icebergs
και οι λάμψεις των κεραυνών έλαμψαν κόκκινα στα παγόβουνα
and the flashes of lightning glowed red on the icebergs
και τα παγόβουνα πετάχτηκαν γύρω από τη θάλασσα που φουσκώνει
and the icebergs were tossed about by the heaving sea
τα πανιά όλων των πλοίων έτρεμαν από φόβο
the sails of all the ships were trembling with fear
και η γοργόνα κάθισε ήρεμα στο αιωρούμενο παγόβουνο
and the mermaid sat calmly on the floating iceberg
και είδε τον κεραυνό να χτυπά στη θάλασσα
and she watched the lightning strike into the sea

Και οι πέντε μεγαλύτερες αδερφές της είχαν μεγαλώσει τώρα
All of her five older sisters had grown up now
επομένως μπορούσαν να βγουν στην επιφάνεια όταν ήθελαν

therefore they could go to the surface when they pleased
στην αρχή ήταν ενθουσιασμένοι με τον επιφανειακό κόσμο
at first they were delighted with the surface world
δεν μπορούσαν να χορτάσουν τα νέα και όμορφα αξιοθέατα
they couldn't get enough of the new and beautiful sights
αλλά τελικά όλοι αδιαφορούσαν για τον πάνω κόσμο
but eventually they all grew indifferent towards the upper world
και μετά από ένα μήνα δεν επισκέφτηκαν πια καθόλου τον κόσμο της επιφάνειας
and after a month they didn't visit the surface world much at all anymore
είπαν στην αδερφή τους ότι ήταν πολύ πιο όμορφο στο σπίτι
they told their sister it was much more beautiful at home

Ωστόσο, συχνά, τις βραδινές ώρες, ανέβαιναν
Yet often, in the evening hours, they did go up
οι πέντε αδερφές έστριψαν τα χέρια η μια γύρω από την άλλη
the five sisters twined their arms round each other
και μαζί, χέρι-χέρι, σηκώθηκαν στην επιφάνεια
and together, arm in arm, they rose to the surface
συχνά ανέβαιναν όταν πλησίαζε καταιγίδα
often they went up when there was a storm approaching
φοβήθηκαν ότι η καταιγίδα μπορεί να κερδίσει ένα πλοίο
they feared that the storm might win a ship
έτσι κολύμπησαν στο σκάφος και τραγουδούσαν στους ναυτικούς
so they swam to the vessel and sung to the sailors
Η φωνή τους ήταν πιο γοητευτική από κάθε ανθρώπου
Their voices were more charming than that of any human

και παρακαλούσαν τους ταξιδιώτες να μην φοβηθούν αν βυθιστούν
and they begged the voyagers not to fear if they sank
γιατί τα βάθη της θάλασσας ήταν γεμάτα απολαύσεις
because the depths of the sea was full of delights
Όμως οι ναυτικοί δεν μπορούσαν να καταλάβουν τα τραγούδια τους
But the sailors could not understand their songs
και νόμιζαν ότι το τραγούδι τους ήταν ο αναστεναγμός της καταιγίδας
and they thought their singing was the sighing of the storm
επομένως τα τραγούδια τους δεν ήταν ποτέ όμορφα στους ναυτικούς
therefore their songs were never beautiful to the sailors
γιατί αν βυθιζόταν το πλοίο οι άντρες θα πνίγονταν
because if the ship sank the men would drown
οι νεκροί δεν κέρδισαν τίποτα από το παλάτι του Βασιλιά της Θάλασσας
the dead gained nothing from the palace of the Sea King
αλλά η μικρότερη αδερφή τους έμεινε στο βυθό της θάλασσας
but their youngest sister was left at the bottom of the sea
κοιτώντας τους ψηλά, ήταν έτοιμη να κλάψει
looking up at them, she was ready to cry
πρέπει να ξέρεις ότι οι γοργόνες δεν έχουν δάκρυα για να μπορούν να κλάψουν
you should know mermaids have no tears that they can cry
οπότε ο πόνος και η ταλαιπωρία της ήταν πιο έντονα από τα δικά μας
so her pain and suffering was more acute than ours
— Α, μακάρι να ήμουν κι εγώ δεκαπέντε χρονών! είπε εκείνη
"Oh, I wish I was also fifteen years old!" said she
«Ξέρω ότι θα αγαπήσω τον κόσμο εκεί πάνω»
"I know that I shall love the world up there"

"και θα αγαπήσω όλους τους ανθρώπους που ζουν σε αυτόν τον κόσμο"
"and I shall love all the people who live in that world"

Τα γενέθλια της Μικρής Γοργόνας
The Little Mermaid's Birthday

αλλά, επιτέλους, έφτασε και αυτή στα δεκαπέντε γενέθλιά της
but, at last, she too reached her fifteenth birthday
«Λοιπόν, τώρα μεγάλωσες», είπε η γιαγιά της
"Well, now you are grown up," said her grandmother
«Έλα να σε στολίσω σαν τις αδερφές σου»
"Come, and let me adorn you like your sisters"
Και έβαλε ένα στεφάνι από λευκά κρίνα στα μαλλιά της
And she placed a wreath of white lilies in her hair
κάθε πέταλο των κρίνων ήταν μισό μαργαριτάρι
every petal of the lilies was half a pearl
Τότε, η ηλικιωμένη κυρία διέταξε να έρθουν οκτώ μεγάλα στρείδια
Then, the old lady ordered eight great oysters to come
τα στρείδια προσκολλήθηκαν στην ουρά της πριγκίπισσας
the oysters attached themselves to the tail of the princess
κάτω από τη θάλασσα τα στρείδια χρησιμοποιούνται για να δείξουν την κατάταξή σας
under the sea oysters are used to show your rank
«Μα τα στρείδια με πλήγωσαν τόσο», είπε η μικρή γοργόνα
"But the oysters hurt me so," said the little mermaid
«Ναι, ξέρω ότι τα στρείδια πονάνε», απάντησε η ηλικιωμένη κυρία
"Yes, I know oysters hurt," replied the old lady
"αλλά ξέρεις πολύ καλά ότι η υπερηφάνεια πρέπει να υποφέρει από πόνο"
"but you know very well that pride must suffer pain"
πόσο ευχαρίστως θα είχε αποτινάξει όλη αυτή τη μεγαλοπρέπεια
how gladly she would have shaken off all this grandeur
θα ήθελε πολύ να αφήσει στην άκρη το βαρύ στεφάνι!

she would have loved to lay aside the heavy wreath!
σκέφτηκε τα κόκκινα λουλούδια στον δικό της κήπο
she thought of the red flowers in her own garden
τα κόκκινα λουλούδια θα της ταίριαζαν πολύ καλύτερα
the red flowers would have suited her much better
Αλλά δεν μπορούσε να αλλάξει τον εαυτό της σε κάτι άλλο
But she could not change herself into something else
έτσι αποχαιρέτησε τη γιαγιά και τις αδερφές της
so she said farewell to her grandmother and sisters
και, ανάλαφρα σαν φούσκα, ανέβηκε στην επιφάνεια
and, as lightly as a bubble, she rose to the surface

Ο ήλιος μόλις είχε δύσει όταν σήκωσε το κεφάλι της πάνω από τα κύματα
The sun had just set when she raised her head above the waves
Τα σύννεφα βάφτηκαν με κατακόκκινο και χρυσό από το ηλιοβασίλεμα
The clouds were tinted with crimson and gold from the sunset
και μέσα από το αστραφτερό λυκόφως έλαμπε το βραδινό αστέρι
and through the glimmering twilight beamed the evening star
Η θάλασσα ήταν ήρεμη και ο θαλασσινός αέρας ήπιος και φρέσκος
The sea was calm, and the sea air was mild and fresh
Ένα μεγάλο πλοίο με τρία κατάρτια ήταν ξαπλωμένο ήρεμα στο νερό
A large ship with three masts lay lay calmly on the water
μόνο ένα πανί είχε ανοίξει, γιατί δεν αναδεύτηκε ούτε ένα αεράκι
only one sail was set, for not a breeze stirred
και οι ναύτες κάθονταν αδρανείς στο κατάστρωμα, ή ανάμεσα στα ξάρτια
and the sailors sat idle on deck, or amidst the rigging
Στο πλοίο ακουγόταν μουσική και τραγούδια

There was music and songs on board of the ship
καθώς ήρθε το σκοτάδι εκατό χρωματιστά φαναράκια
άναψαν
as darkness came a hundred colored lanterns were lighted
ήταν σαν να κυμάτιζαν οι σημαίες όλων των εθνών
στον αέρα
it was as if the flags of all nations waved in the air

Η μικρή γοργόνα κολύμπησε κοντά στα παράθυρα της
καμπίνας
The little mermaid swam close to the cabin windows
που και που τα κύματα της θάλασσας την σήκωναν
now and then the waves of the sea lifted her up
μπορούσε να κοιτάξει μέσα από τα τζάμια των
παραθύρων
she could look in through the glass window-panes
και μπορούσε να δει πλήθος από περίεργα ντυμένους
ανθρώπους
and she could see a number of curiously dressed people
Ανάμεσα στους ανθρώπους που μπορούσε να δει ήταν
ένας νεαρός πρίγκιπας
Among the people she could see there was a young prince
ο πρίγκιπας ήταν ο πιο όμορφος από όλους
the prince was the most beautiful of them all
δεν είχε δει ποτέ κανέναν με τόσο όμορφα μάτια
she had never seen anyone with such beautiful eyes
ήταν ο εορτασμός των δέκατων έκτων γενεθλίων του
it was the celebration of his sixteenth birthday
Οι ναύτες χόρευαν στο κατάστρωμα του πλοίου
The sailors were dancing on the deck of the ship
όλοι επευφημούσαν όταν ο πρίγκιπας βγήκε από την
καμπίνα
all cheered when the prince came out of the cabin
και πάνω από εκατό ρουκέτες ανέβηκαν στον αέρα
and more than a hundred rockets rose into the air

για αρκετή ώρα τα πυροτεχνήματα έκαναν τον ουρανό φωτεινό σαν μέρα
for some time the fireworks made the sky as bright as day
φυσικά η νεαρή μας γοργόνα δεν είχε ξαναδεί πυροτεχνήματα
of course our young mermaid had never seen fireworks before
ξαφνιασμένη από όλο τον θόρυβο, πήγε πίσω κάτω από το νερό
startled by all the noise, she went back under the water
αλλά σύντομα άπλωσε ξανά το κεφάλι της
but soon she again stretched out her head
ήταν σαν να έπεφταν γύρω της όλα τα αστέρια του ουρανού
it was as if all the stars of heaven were falling around her
υπέροχες πυγολαμπίδες πέταξαν στον γαλάζιο αέρα
splendid fireflies flew up into the blue air
και όλα καθρεφτίζονταν στην καθαρή, ήρεμη θάλασσα
and everything was reflected in the clear, calm sea
Το ίδιο το πλοίο φωτιζόταν έντονα από όλο το φως
The ship itself was brightly illuminated by all the light
μπορούσε να δει όλους τους ανθρώπους και ακόμη και το πιο μικρό σχοινί
she could see all the people and even the smallest rope
Πόσο όμορφος φαινόταν ο νεαρός πρίγκιπας ευχαριστώντας τους καλεσμένους του!
How handsome the young prince looked thanking his guests!
και η μουσική αντηχούσε στον καθαρό νυχτερινό αέρα!
and the music resounded through the clear night air!

οι εορτασμοί γενεθλίων κράτησαν μέχρι αργά το βράδυ
the birthday celebrations lasted late into the night
αλλά η μικρή γοργόνα δεν μπορούσε να πάρει τα μάτια της από το πλοίο
but the little mermaid could not take her eyes from the ship
ούτε μπορούσε να πάρει τα μάτια της από τον όμορφο πρίγκιπα

nor could she take her eyes from the beautiful prince
Τα χρωματιστά φαναράκια είχαν πλέον σβήσει
The colored lanterns had now been extinguished
και δεν υπήρχαν άλλοι πύραυλοι που ανέβηκαν στον αέρα
and there were no more rockets that rose into the air
και το κανόνι του πλοίου είχε πάψει να πυροβολεί
the cannon of the ship had also ceased firing
αλλά τώρα ήταν η θάλασσα που έγινε ανήσυχη
but now it was the sea that became restless
κάτω από τα κύματα ακουγόταν ένας γκρίνια, γκρίνια
a moaning, grumbling sound could be heard beneath the waves
κι όμως, η μικρή γοργόνα έμεινε δίπλα στο παράθυρο της καμπίνας
and yet, the little mermaid remained by the cabin window
λικνιζόταν πάνω κάτω στο νερό
she was rocking up and down on the water
για να μπορέσει να συνεχίσει να κοιτάζει μέσα στο πλοίο
so that she could keep looking into the ship
Μετά από λίγο τα πανιά στρώθηκαν γρήγορα
After a while the sails were quickly set
και το πλοίο πήγε στο δρόμο της επιστροφής στο λιμάνι
and the ship went on her way back to port

Σύντομα όμως τα κύματα ανέβαιναν όλο και πιο ψηλά
But soon the waves rose higher and higher
σκοτεινά, βαριά σύννεφα σκοτείνιασαν τον νυχτερινό ουρανό
dark, heavy clouds darkened the night sky
και εμφανίστηκαν αστραπές από μακριά
and there appeared flashes of lightning in the distance
όχι μακριά πλησίαζε μια τρομερή καταιγίδα
not far away a dreadful storm was approaching

Για άλλη μια φορά τα πανιά κατέβηκαν κόντρα στον άνεμο
Once more the sails were lowered against the wind
και το μεγάλο καράβι ακολούθησε την πορεία της πάνω από τη μανιασμένη θάλασσα
and the great ship pursued her course over the raging sea
Τα κύματα ανέβηκαν ψηλά ως τα βουνά
The waves rose as high as the mountains
θα πίστευε κανείς ότι τα κύματα θα είχαν το πλοίο
one would have thought the waves were going to have the ship
αλλά το πλοίο βούτηξε σαν κύκνος ανάμεσα στα κύματα
but the ship dived like a swan between the waves
μετά σηκώθηκε ξανά πάνω στις ψηλές, αφρισμένες κορυφές τους
then she rose again on their lofty, foaming crests
Για τη μικρή γοργόνα ήταν ευχάριστο να το δεις
To the little mermaid this was pleasant to watch
αλλά δεν ήταν ευχάριστο για τους ναυτικούς
but it was not pleasant for the sailors
το πλοίο έβγαζε απαίσια γκρίνια και τρίξιμο
the ship made awful groaning and creaking sounds
και τα κύματα έσκαγαν ξανά και ξανά το κατάστρωμα του πλοίου
and the waves broke over the deck of the ship again and again
οι χοντρές σανίδες υποχώρησαν κάτω από το μαστίγωμα της θάλασσας
the thick planks gave way under the lashing of the sea
κάτω από την πίεση ο κύριος ιστός έσπασε, σαν καλάμι
under the pressure the mainmast snapped asunder, like a reed
και, καθώς το πλοίο βρισκόταν στο πλάι της, το νερό όρμησε μέσα
and, as the ship lay over on her side, the water rushed in

Η μικρή γοργόνα συνειδητοποίησε ότι το πλήρωμα κινδύνευε
The little mermaid realized that the crew were in danger
και η δική της κατάσταση δεν ήταν ακίνδυνη
her own situation wasn't without danger either
έπρεπε να αποφύγει τα δοκάρια και τις σανίδες που ήταν διάσπαρτα στο νερό
she had to avoid the beams and planks scattered in the water
για μια στιγμή όλα μετατράπηκαν σε απόλυτο σκοτάδι
for a moment everything turned into complete darkness
και η μικρή γοργόνα δεν μπορούσε να δει πού ήταν
and the little mermaid could not see where she was
αλλά μετά μια αστραπή αποκάλυψε όλη τη σκηνή
but then a flash of lightning revealed the whole scene
έβλεπε ότι όλοι ήταν ακόμα στο πλοίο
she could see everyone was still on board of the ship
Λοιπόν, όλοι ήταν στο πλοίο, εκτός από τον πρίγκιπα
well, everyone was on board of the ship, except the prince
το πλοίο συνέχισε την πορεία του προς τη στεριά
the ship continued on its path to the land
και είδε τον πρίγκιπα να βυθίζεται στα βαθιά κύματα
and she saw the prince sink into the deep waves
για μια στιγμή αυτό την έκανε πιο χαρούμενη από όσο θα έπρεπε
for a moment this made her happier than it should have
τώρα που ήταν στη θάλασσα μπορούσε να είναι μαζί του
now that he was in the sea she could be with him
Τότε θυμήθηκε τα όρια των ανθρώπινων όντων
Then she remembered the limits of human beings
οι άνθρωποι της γης δεν μπορούν να ζήσουν στο νερό
the people of the land cannot live in the water
αν έφτανε στο παλάτι θα ήταν ήδη νεκρός
if he got to the palace he would already be dead
«Όχι, δεν πρέπει να πεθάνει!» αποφάσισε εκείνη
"No, he must not die!" she decided

ξεχνά κάθε ανησυχία για τη δική της ασφάλεια
she forget any concern for her own safety
και κολύμπησε μέσα από τα δοκάρια και τις σανίδες
and she swam through the beams and planks
δύο δοκάρια μπορούσαν εύκολα να τη συνθλίψουν σε κομμάτια
two beams could easily crush her to pieces
βούτηξε βαθιά κάτω από τα σκοτεινά νερά
she dove deep under the dark waters
όλα ανέβαιναν και έπεφταν με τα κύματα
everything rose and fell with the waves
τελικά, κατάφερε να φτάσει στον νεαρό πρίγκιπα
finally, she managed to reach the young prince
έχανε γρήγορα τη δύναμη να κολυμπήσει στη φουρτουνιασμένη θάλασσα
he was fast losing the power to swim in the stormy sea
Τα άκρα του είχαν αρχίσει να τον αποδυναμώνουν
His limbs were starting to fail him
και τα όμορφα μάτια του ήταν κλειστά
and his beautiful eyes were closed
θα είχε πεθάνει αν δεν ερχόταν η μικρή γοργόνα
he would have died had the little mermaid not come
Κράτησε το κεφάλι του πάνω από το νερό
She held his head above the water
και άφησε τα κύματα να τους μεταφέρουν όπου ήθελαν
and she let the waves carry them where they wanted

Το πρωί η καταιγίδα είχε σταματήσει
In the morning the storm had ceased
αλλά από το πλοίο δεν φαινόταν ούτε ένα θραύσμα
but of the ship not a single fragment could be seen
Ο ήλιος βγήκε κόκκινος και λαμπερός, έξω από το νερό
The sun came up, red and shining, out of the water
οι ακτίνες του ήλιου είχαν θεραπευτική επίδραση στον πρίγκιπα
the sun's beams had a healing effect on the prince

η απόχρωση της υγείας επέστρεψε στα μάγουλα του
πρίγκιπα
the hue of health returned to the prince's cheeks
αλλά παρά τον ήλιο, τα μάτια του παρέμεναν κλειστά
but despite the sun, his eyes remained closed
Η γοργόνα φίλησε το ψηλό, απαλό μέτωπό του
The mermaid kissed his high, smooth forehead
και του χάιδεψε τα βρεγμένα μαλλιά
and she stroked back his wet hair
Της φαινόταν σαν το μαρμάρινο άγαλμα στον κήπο της
He seemed to her like the marble statue in her garden
έτσι τον φίλησε ξανά και ευχήθηκε να ζήσει
so she kissed him again, and wished that he lived

Προς το παρόν, ήρθαν στη θέα της γης
Presently, they came in sight of land
και είδε ψηλά μπλε βουνά στον ορίζοντα
and she saw lofty blue mountains on the horizon
πάνω στα βουνά ξεκουράστηκε το λευκό χιόνι
on top of the mountains the white snow rested
σαν ένα κοπάδι από κύκνους να ήταν ξαπλωμένο στα
βουνά
as if a flock of swans were lying upon the mountains
Όμορφα καταπράσινα δάση ήταν κοντά στην ακτή
Beautiful green forests were near the shore
και εκεί κοντά στεκόταν ένα μεγάλο κτίριο
and close by there stood a large building
θα μπορούσε να ήταν εκκλησία ή μοναστήρι
it could have been a church or a convent
αλλά ήταν ακόμα πολύ μακριά για να είναι σίγουρη
but she was still too far away to be sure
Στον κήπο φύτρωσαν πορτοκαλιές και εσπεριδοειδή
Orange and citron trees grew in the garden
και μπροστά στην πόρτα στέκονταν ψηλές παλάμες
and before the door stood lofty palms
Η θάλασσα εδώ σχημάτιζε έναν μικρό κόλπο

The sea here formed a little bay
στον κόλπο το νερό ήταν ήσυχο και ακίνητο
in the bay the water lay quiet and still
αλλά παρόλο που το νερό ήταν ακίνητο, ήταν πολύ βαθιά
but although the water was still, it was very deep
Κολύμπησε με τον όμορφο πρίγκιπα μέχρι την παραλία
She swam with the handsome prince to the beach
η παραλία ήταν καλυμμένη με ψιλή λευκή άμμο
the beach was covered with fine white sand
και στην άμμο τον ξάπλωσε στη ζεστή λιακάδα
and on the sand she laid him in the warm sunshine
φρόντισε να σηκώσει το κεφάλι του πιο ψηλά από το σώμα του
she took care to raise his head higher than his body
Τότε ήχησαν καμπάνες από το μεγάλο λευκό κτίριο
Then bells sounded from the large white building
μερικά νεαρά κορίτσια μπήκαν στον κήπο
some young girls came into the garden
Η μικρή γοργόνα κολύμπησε πιο μακριά από την ακτή
The little mermaid swam out farther from the shore
κρύφτηκε ανάμεσα σε κάτι ψηλούς βράχους στο νερό
she hid herself among some high rocks in the water
σκέπασε το κεφάλι και το λαιμό της με τον αφρό της θάλασσας
she covered her head and neck with the foam of the sea
και κοίταξε να δει τι θα γινόταν με τον φτωχό πρίγκιπα
and she watched to see what would become of the poor prince

Δεν άργησε να δει μια νεαρή κοπέλα να πλησιάζει
It was not long before she saw a young girl approach
η νεαρή κοπέλα φαινόταν στην αρχή φοβισμένη
the young girl seemed frightened, at first
αλλά ο φόβος της κράτησε μόνο μια στιγμή
but her fear only lasted for a moment
μετά έφερε πολλά άτομα

then she brought over a number of people
και η γοργόνα είδε ότι ο πρίγκιπας ξαναζωντάνεψε
and the mermaid saw that the prince came to life again
χαμογέλασε σε όσους στέκονταν γύρω του
he smiled upon those who stood around him
Αλλά στη μικρή γοργόνα ο πρίγκιπας δεν έστειλε κανένα χαμόγελο
But to the little mermaid the prince sent no smile
δεν ήξερε ότι ήταν αυτή που τον είχε σώσει
he knew not that it was her who had saved him
Αυτό έκανε τη μικρή γοργόνα πολύ λυπημένη
This made the little mermaid very sorrowful
και μετά τον οδήγησαν στο μεγάλο κτίριο
and then he was led away into the great building
και η μικρή γοργόνα βούτηξε κάτω στο νερό
and the little mermaid dived down into the water
και γύρισε στο κάστρο του πατέρα της
and she returned to her father's castle

Η Μικρή Γοργόνα λαχταρά τον Πάνω Κόσμο
The Little Mermaid Longs for the Upper World

Ήταν πάντα η πιο σιωπηλή και σκεπτόμενη από τις αδερφές
She had always been the most silent and thoughtful of the sisters
και τώρα ήταν πιο σιωπηλή και σκεφτική από ποτέ
and now she was more silent and thoughtful than ever
Οι αδερφές της τη ρώτησαν τι είχε δει στην πρώτη της επίσκεψη
Her sisters asked her what she had seen on her first visit
αλλά δεν μπορούσε να τους πει τίποτα από αυτά που είχε δει
but she could tell them nothing of what she had seen
Πολλές φορές το βράδυ και το πρωί επέστρεψε στην επιφάνεια
Many an evening and morning she returned to the surface
και πήγε στο μέρος που είχε αφήσει τον πρίγκιπα
and she went to the place where she had left the prince
Είδε τα φρούτα στον κήπο να ωριμάζουν
She saw the fruits in the garden ripen
και παρακολουθούσε τους καρπούς που μαζεύονταν από τα δέντρα τους
and she watched the fruits gathered from their trees
έβλεπε το χιόνι στις κορυφές των βουνών να λιώνουν
she watched the snow on the mountain tops melt away
αλλά σε καμία από τις επισκέψεις της δεν ξαναείδε τον πρίγκιπα
but on none of her visits did she see the prince again
και γι' αυτό επέστρεφε πάντα πιο λυπημένη από όταν έφευγε
and therefore she always returned more sorrowful than when she left

η μόνη της άνεση ήταν να κάθεται στον δικό της μικρό κήπο
her only comfort was sitting in her own little garden
πέταξε τα χέρια της γύρω από το όμορφο μαρμάρινο άγαλμα
she flung her arms around the beautiful marble statue
το άγαλμα που έμοιαζε ακριβώς με τον πρίγκιπα
the statue which looked just like the prince
Είχε σταματήσει να φροντίζει τα λουλούδια της
She had given up tending to her flowers
και ο κήπος της μεγάλωσε σε άγρια σύγχυση
and her garden grew in wild confusion
δίδυσαν τα μακριά φύλλα και τους μίσχους των λουλουδιών γύρω από τα δέντρα
they twinied the long leaves and stems of the flowers around the trees
ώστε όλος ο κήπος έγινε σκοτεινός και σκοτεινός
so that the whole garden became dark and gloomy

τελικά δεν άντεχε άλλο τον πόνο
eventually she could bear the pain no longer
και είπε σε μια από τις αδερφές της όλα όσα είχαν συμβεί
and she told one of her sisters all that had happened
σύντομα οι άλλες αδερφές άκουσαν το μυστικό
soon the other sisters heard the secret
και πολύ σύντομα το μυστικό της έγινε γνωστό σε αρκετές υπηρέτριες
and very soon her secret became known to several maids
μια από τις υπηρέτριες είχε έναν φίλο που ήξερε για τον πρίγκιπα
one of the maids had a friend who knew about the prince
Είχε δει επίσης το φεστιβάλ στο πλοίο
She had also seen the festival on board the ship
και τους είπε από πού ήρθε ο πρίγκιπας
and she told them where the prince came from

και τους είπε πού βρισκόταν το παλάτι του
and she told them where his palace stood

«Έλα, μικρή αδερφή», είπαν οι άλλες πριγκίπισσες
"Come, little sister," said the other princesses
έπλεξαν τα χέρια τους και σηκώθηκαν μαζί
they entwined their arms and rose up together
πλησίασαν εκεί που βρισκόταν το παλάτι του πρίγκιπα
they went near to where the prince's palace stood
το παλάτι ήταν χτισμένο από λαμπερή κίτρινη, γυαλιστερή πέτρα
the palace was built of bright-yellow, shining stone
και το παλάτι είχε μεγάλες πτήσεις από μαρμάρινα σκαλοπάτια
and the palace had long flights of marble steps
ένα από τα σκαλοπάτια έφτασε μέχρι τη θάλασσα
one of the flights of steps reached down to the sea
Υπέροχοι επιχρυσωμένοι τρούλοι υψώνονταν πάνω από τη στέγη
Splendid gilded cupolas rose over the roof
όλο το κτίριο περιβαλλόταν από κολώνες
the whole building was surrounded by pillars
και ανάμεσα στις κολώνες στέκονταν ζωντανά αγάλματα από μάρμαρο
and between the pillars stood lifelike statues of marble
έβλεπαν μέσα από το καθαρό κρύσταλλο των παραθύρων
they could see through the clear crystal of the windows
και μπορούσαν να κοιτάξουν στα αρχοντικά δωμάτια
and they could look into the noble rooms
δαπανηρές μεταξωτές κουρτίνες και ταπετσαρίες κρέμονταν από το ταβάνι
costly silk curtains and tapestries hung from the ceiling
και οι τοίχοι ήταν καλυμμένοι με όμορφα έργα ζωγραφικής
and the walls were covered with beautiful paintings

Στο κέντρο του μεγαλύτερου σαλονιού υπήρχε ένα σιντριβάνι
In the centre of the largest salon was a fountain
το σιντριβάνι πέταξε τους αστραφτερούς πίδακες του ψηλά
the fountain threw its sparkling jets high up
το νερό πιτσιλίστηκε στον γυάλινο τρούλο της οροφής
the water splashed onto the glass cupola of the ceiling
και ο ήλιος έλαμψε μέσα από το νερό
and the sun shone in through the water
και το νερό πιτσιλίστηκε στα φυτά γύρω από το σιντριβάνι
and the water splashed on the plants around the fountain

Τώρα η μικρή γοργόνα ήξερε πού έμενε ο πρίγκιπας
Now the little mermaid knew where the prince lived
έτσι πέρασε πολλές νύχτες σε εκείνα τα νερά
so she spent many a night in those waters
έγινε πιο θαρραλέα από ό,τι οι αδερφές της
she got more courageous than her sisters had been
και κολύμπησε πολύ πιο κοντά στην ακτή από ό,τι είχαν
and she swam much nearer the shore than they had
μια φορά ανέβηκε το στενό κανάλι, κάτω από το μαρμάρινο μπαλκόνι
once she went up the narrow channel, under the marble balcony
το μπαλκόνι έριξε μια πλατιά σκιά στο νερό
the balcony threw a broad shadow on the water
Εδώ κάθισε και παρακολουθούσε τον νεαρό πρίγκιπα
Here she sat and watched the young prince
φυσικά νόμιζε ότι ήταν μόνος στο λαμπερό φως του φεγγαριού
he, of course, thought he was alone in the bright moonlight

Συχνά τον έβλεπε τα βράδια να πλέει με μια όμορφη βάρκα
She often saw him in the evenings, sailing in a beautiful boat
ακούστηκε μουσική από το σκάφος και οι σημαίες κυμάτιζαν
music sounded from the boat and the flags waved
Κοίταξε έξω ανάμεσα στις πράσινες ορμές
She peeped out from among the green rushes
κατά καιρούς ο αέρας έπιανε το μακρύ ασημόλευκο πέπλο της
at times the wind caught her long silvery-white veil
όσοι είδαν το πέπλο της πίστεψαν ότι ήταν κύκνος
those who saw her veil believed it to be a swan
το πέπλο της είχε όλη την όψη ενός κύκνου που άνοιγε τα φτερά του
her veil had all the appearance of a swan spreading its wings

Πολλές νύχτες, επίσης, έβλεπε τους ψαράδες να στήνουν τα δίχτυα τους
Many a night, too, she watched the fishermen set their nets
έριχναν τα δίχτυα τους στο φως των δαυλών τους
they cast their nets in the light of their torches
και τους άκουσε να λένε πολλά καλά πράγματα για τον πρίγκιπα
and she heard them tell many good things about the prince
αυτό την έκανε χαρούμενη που του έσωσε τη ζωή
this made her glad that she had saved his life
όταν τον πέταξαν μισοπεθαμένο στα κύματα
when he was tossed around half dead on the waves
Θυμήθηκε πώς το κεφάλι του είχε ακουμπήσει στο στήθος της
She remembered how his head had rested on her bosom
και θυμήθηκε πόσο εγκάρδια τον είχε φιλήσει
and she remembered how heartily she had kissed him
αλλά δεν ήξερε τίποτα από όλα όσα είχαν συμβεί
but he knew nothing of all that had happened

ο νεαρός πρίγκιπας δεν μπορούσε καν να ονειρευτεί τη μικρή γοργόνα
the young prince could not even dream of the little mermaid

Της αρέσουν τα ανθρώπινα όντα όλο και περισσότερο
She grew to like human beings more and more
ευχόταν όλο και περισσότερο να μπορεί να περιπλανηθεί στον κόσμο τους
she wished more and more to be able to wander their world
ο κόσμος τους φαινόταν πολύ μεγαλύτερος από τον δικό της
their world seemed to be so much larger than her own
Μπορούσαν να πετάξουν πάνω από τη θάλασσα με πλοία
They could fly over the sea in ships
και μπορούσαν να ανεβούν στους ψηλούς λόφους πολύ πάνω από τα σύννεφα
and they could mount the high hills far above the clouds
στα εδάφη τους κατείχαν ξύλα και χωράφια
in their lands they possessed woods and fields
το πράσινο απλωνόταν πέρα από τα μάτια της
the greenery stretched beyond the reach of her sight
Ήταν τόσα πολλά που ήθελε να μάθει!
There was so much that she wished to know!
αλλά οι αδερφές της δεν μπορούσαν να απαντήσουν σε όλες τις ερωτήσεις της
but her sisters were unable to answer all her questions
Στη συνέχεια πήγε στη γριά γιαγιά της για απαντήσεις
She then went to her old grandmother for answers
η γιαγιά της ήξερε τα πάντα για τον πάνω κόσμο
her grandmother knew all about the upper world
δικαίως ονόμασε αυτόν τον κόσμο "τα εδάφη πάνω από τη θάλασσα"
she rightly called this world "the lands above the sea"

«Αν τα ανθρώπινα όντα δεν πνίγονται, μπορούν να ζήσουν για πάντα;»
"If human beings are not drowned, can they live forever?"
«Δεν πεθαίνουν ποτέ, όπως εμείς εδώ στη θάλασσα;»
"Do they never die, as we do here in the sea?"
«Ναι, πεθαίνουν κι αυτοί», απάντησε η ηλικιωμένη κυρία
"Yes, they die too," replied the old lady
«Όπως εμείς, έτσι και αυτοί πρέπει να πεθάνουν», πρόσθεσε η γιαγιά της
"like us, they must also die," added her grandmother
"και η ζωή τους είναι ακόμη πιο σύντομη από τη δική μας"
"and their lives are even shorter than ours"
«Μερικές φορές ζούμε τριακόσια χρόνια»
"We sometimes live for three hundred years"
"αλλά όταν παύουμε να υπάρχουμε εδώ γινόμαστε αφρός"
"but when we cease to exist here we become foam"
"και επιπλέουμε στην επιφάνεια του νερού"
"and we float on the surface of the water"
«Δεν έχουμε τάφους για αυτούς που αγαπάμε»
"we do not have graves for those we love"
«Και δεν έχουμε αθάνατες ψυχές»
"and we have not immortal souls"
«Αφού πεθάνουμε δεν θα ζήσουμε ποτέ ξανά»
"after we die we shall never live again"
«σαν τα πράσινα φύκια, αφού τα κόψουν»
"like the green seaweed, once it has been cut off"
«αφού πεθάνουμε, δεν μπορούμε να ανθίσουμε ξανά»
"after we die, we can never flourish again"
«Τα ανθρώπινα όντα, αντίθετα, έχουν ψυχή»
"Human beings, on the contrary, have souls"
"Ακόμα και μετά το θάνατο οι ψυχές τους ζουν για πάντα"
"even after they're dead their souls live forever"

«Όταν πεθαίνουμε το σώμα μας γίνεται αφρός»
"when we die our bodies turn to foam"
«Όταν πεθαίνουν τα σώματά τους γίνονται σκόνη»
"when they die their bodies turn to dust"
"Όταν πεθαίνουμε σηκωνόμαστε μέσα από το καθαρό, γαλάζιο νερό"
"when we die we rise through the clear, blue water"
"Όταν πεθαίνουν, σηκώνονται στον καθαρό, καθαρό αέρα"
"when they die they rise up through the clear, pure air"
«Όταν πεθαίνουμε δεν επιπλέουμε πιο πέρα από την επιφάνεια»
"when we die we float no further than the surface"
"αλλά όταν πεθάνουν ξεπερνούν τα αστραφτερά αστέρια"
"but when they die they go beyond the glittering stars"
"βγαίνουμε από το νερό στην επιφάνεια"
"we rise out of the water to the surface"
"και βλέπουμε όλη τη γη της γης"
"and we behold all the land of the earth"
«ανεβαίνουν σε άγνωστες και ένδοξες περιοχές»
"they rise to unknown and glorious regions"
«ένδοξες και άγνωστες περιοχές που δεν θα δούμε ποτέ»
"glorious and unknown regions which we shall never see"
η μικρή γοργόνα θρήνησε την έλλειψη ψυχής της
the little mermaid mourned her lack of a soul
«Γιατί δεν έχουμε αθάνατες ψυχές;» ρώτησε η μικρή γοργόνα
"Why have not we immortal souls?" asked the little mermaid
«Θα έδινα ευχαρίστως όλα τα εκατοντάδες χρόνια που έχω»
"I would gladly give all the hundreds of years that I have"
«Θα τα άλλαζα όλα για να είμαι άνθρωπος για μια μέρα»
"I would trade it all to be a human being for one day"

«Δεν μπορώ να φανταστώ την ελπίδα να γνωρίσω τέτοια ευτυχία»
"I can not imagine the hope of knowing such happiness"
"η ευτυχία αυτού του ένδοξου κόσμου πάνω από τα αστέρια"
"the happiness of that glorious world above the stars"
«Δεν πρέπει να σκέφτεσαι έτσι», είπε η γριά
"You must not think that way," said the old woman
«Πιστεύουμε ότι είμαστε πολύ πιο ευτυχισμένοι από τους ανθρώπους»
"We believe that we are much happier than the humans"
"και πιστεύουμε ότι είμαστε πολύ καλύτερα από τους ανθρώπους"
"and we believe we are much better off than human beings"

«Λοιπόν θα πεθάνω», είπε η μικρή γοργόνα
"So I shall die," said the little mermaid
"Όντας ο αφρός της θάλασσας, θα πλυθώ"
"being the foam of the sea, I shall be washed about"
"Ποτέ ξανά δεν θα ακούσω τη μουσική των κυμάτων"
"never again will I hear the music of the waves"
"Δεν θα ξαναδώ τα όμορφα λουλούδια"
"never again will I see the pretty flowers"
«Ούτε θα ξαναδώ τον κόκκινο ήλιο»
"nor will I ever again see the red sun"
«Υπάρχει κάτι που μπορώ να κάνω για να κερδίσω μια αθάνατη ψυχή;»
"Is there anything I can do to win an immortal soul?"
«Όχι», είπε η γριά, «εκτός αν...»
"No," said the old woman, "unless..."
"Υπάρχει μόνο ένας τρόπος να αποκτήσεις ψυχή"
"there is just one way to gain a soul"
"Ένας άντρας πρέπει να σε αγαπάει περισσότερο από ό,τι αγαπά τον πατέρα και τη μητέρα του"
"a man has to love you more than he loves his father and mother"

«Όλες οι σκέψεις και η αγάπη του πρέπει να είναι στραμμένες πάνω σου»
"all his thoughts and love must be fixed upon you"
"Πρέπει να υποσχεθεί ότι θα είναι αληθινός μαζί σου εδώ και στο εξής"
"he has to promise to be true to you here and hereafter"
«Ο ιερέας πρέπει να βάλει το δεξί του χέρι στο δικό σου»
"the priest has to place his right hand in yours"
"τότε η ψυχή του άντρα σου θα γλιστρήσει στο σώμα σου"
"then your man's soul would glide into your body"
"θα έπαιρνες ένα μερίδιο στη μελλοντική ευτυχία της ανθρωπότητας"
"you would get a share in the future happiness of mankind"
«Θα σου έδινε μια ψυχή και θα κρατούσε και τη δική του»
"He would give to you a soul and retain his own as well"
"αλλά είναι αδύνατο να συμβεί ποτέ αυτό"
"but it is impossible for this to ever happen"
«Η ουρά του ψαριού σου, ανάμεσά μας, θεωρείται όμορφη»
"Your fish's tail, among us, is considered beautiful"
"αλλά στη γη η ουρά του ψαριού σου θεωρείται άσχημη"
"but on earth your fish's tail is considered ugly"
«Οι άνθρωποι δεν ξέρουν καλύτερα»
"The humans do not know any better"
"Το πρότυπο ομορφιάς τους είναι να έχουν δύο στιβαρά στηρίγματα"
"their standard of beauty is having two stout props"
"αυτά τα δύο δυνατά στηρίγματα που τα λένε πόδια"
"these two stout props they call their legs"
Η μικρή γοργόνα αναστέναξε με αυτό που φαινόταν να είναι το πεπρωμένο της
The little mermaid sighed at what appeared to be her destiny
και κοίταξε με λύπη την ουρά του ψαριού της

and she looked sorrowfully at her fish's tail
«Ας είμαστε ευχαριστημένοι με αυτά που έχουμε», είπε η ηλικιωμένη κυρία
"Let us be happy with what we have," said the old lady
«Ας βλοσυρούμε και ας ξεπηδήσουμε για τα τριακόσια χρόνια»
"let us dart and spring about for the three hundred years"
"και τριακόσια χρόνια είναι πραγματικά αρκετά πολλά"
"and three hundred years really is quite long enough"
«Μετά από αυτό μπορούμε να ξεκουραστούμε πολύ καλύτερα»
"After that we can rest ourselves all the better"
"Σήμερα το βράδυ θα έχουμε μια μπάλα στο γήπεδο"
"This evening we are going to have a court ball"

Ήταν ένα από εκείνα τα υπέροχα αξιοθέατα που δεν μπορούμε να δούμε ποτέ στη γη
It was one of those splendid sights we can never see on earth
η μπάλα του γηπέδου έγινε σε μια μεγάλη αίθουσα χορού
the court ball took place in a large ballroom
Οι τοίχοι και η οροφή ήταν από χοντρό διαφανές κρύσταλλο
The walls and the ceiling were of thick transparent crystal
Πολλές εκατοντάδες κολοσσιαία θαλάσσια κοχύλια στέκονταν σε σειρές σε κάθε πλευρά
Many hundreds of colossal sea shells stood in rows on each side
μερικά από τα κοχύλια της θάλασσας ήταν βαθυκόκκινα, άλλα ήταν πράσινα από γρασίδι
some of the sea shells were deep red, others were grass green
και κάθε ένα από τα όστρακα είχε μια μπλε φωτιά μέσα του
and each of the sea shells had a blue fire in it
Αυτές οι φωτιές φώτισαν όλο το σαλόνι και τους χορευτές

These fires lighted up the whole salon and the dancers
και τα κοχύλια της θάλασσας έλαμπαν μέσα από τα τείχη
and the sea shells shone out through the walls
ώστε να φωτίστηκε και η θάλασσα από το φως τους
so that the sea was also illuminated by their light
Αμέτρητα ψάρια, μεγάλα και μικρά, κολύμπησαν στο παρελθόν
Innumerable fishes, great and small, swam past
μερικά από τα λέπια των ψαριών έλαμπαν με μια πορφυρή λάμψη
some of the fishes scales glowed with a purple brilliance
και άλλα ψάρια έλαμπαν σαν ασήμι και χρυσάφι
and other fishes shone like silver and gold
Μέσα από τις αίθουσες κυλούσε ένα ευρύ ρυάκι
Through the halls flowed a broad stream
και στο ρυάκι χόρευαν οι γοργόνες και οι γοργόνες
and in the stream danced the mermen and the mermaids
χόρεψαν με τη μουσική του δικού τους γλυκού τραγουδιού
they danced to the music of their own sweet singing

Κανείς στη γη δεν έχει τόσο όμορφες φωνές όσο εκείνοι
No one on earth has such lovely voices as they
αλλά η μικρή γοργόνα τραγούδησε πιο γλυκά από όλες
but the little mermaid sang more sweetly than all
Όλο το δικαστήριο την χειροκρότησε με χέρια και ουρές
The whole court applauded her with hands and tails
και για μια στιγμή η καρδιά της ένιωσε αρκετά χαρούμενη
and for a moment her heart felt quite happy
γιατί ήξερε ότι είχε την πιο γλυκιά φωνή στη θάλασσα
because she knew she had the sweetest voice in the sea
και ήξερε ότι είχε την πιο γλυκιά φωνή στη στεριά
and she knew she had the sweetest voice on land
Σύντομα όμως σκέφτηκε ξανά τον κόσμο από πάνω της

But soon she thought again of the world above her
δεν μπορούσε να ξεχάσει τον γοητευτικό πρίγκιπα
she could not forget the charming prince
της θύμιζε ότι είχε μια αθάνατη ψυχή
it reminded her that he had an immortal soul
και δεν μπορούσε να ξεχάσει ότι δεν είχε αθάνατη ψυχή
and she could not forget that she had no immortal soul
Βγήκε σιωπηλά από το παλάτι του πατέρα της
She crept away silently out of her father's palace
όλα μέσα ήταν γεμάτα χαρά και τραγούδι
everything within was full of gladness and song
αλλά κάθισε στον δικό της μικρό κήπο, λυπημένη και μόνη
but she sat in her own little garden, sorrowful and alone
Ύστερα άκουσε τη σάλπιγγα να ηχεί μέσα στο νερό
Then she heard the bugle sounding through the water
και σκέφτηκε, "Σίγουρα πλέει από πάνω"
and she thought, "He is certainly sailing above"
"Αυτός, ο όμορφος πρίγκιπας, στον οποίο επικεντρώνονται οι ευχές μου"
"he, the beautiful prince, in whom my wishes centre"
"Αυτός, στα χέρια του οποίου θα ήθελα να βάλω την ευτυχία μου"
"he, in whose hands I should like to place my happiness"
«Θα τολμήσω τα πάντα για να κερδίσει μια αθάνατη ψυχή»
"I will venture all for him to win an immortal soul"
«Οι αδερφές μου χορεύουν στο παλάτι του πατέρα μου»
"my sisters are dancing in my father's palace"
"αλλά θα πάω στη θάλασσα μάγισσα"
"but I will go to the sea witch"
"η μάγισσα της θάλασσας που πάντα φοβόμουν τόσο πολύ"
"the sea witch of whom I have always been so afraid"
«Αλλά η μάγισσα της θάλασσας μπορεί να με συμβουλέψει και να με βοηθήσει»

"but the sea witch can give me counsel, and help"

Η μάγισσα της θάλασσας
The Sea Witch

Τότε η μικρή γοργόνα βγήκε από τον κήπο της
Then the little mermaid went out from her garden
και πήρε το μονοπάτι για τις αφρισμένες δίνες
and she took the path to the foaming whirlpools
πίσω από τις αφρισμένες δίνες ζούσε η μάγισσα
behind the foaming whirlpools the sorceress lived
η μικρή γοργόνα δεν είχε ξαναπάει με αυτόν τον τρόπο
the little mermaid had never gone that way before
Ούτε λουλούδια ούτε γρασίδι φύτρωναν εκεί που πήγαινε
Neither flowers nor grass grew where she was going
δεν υπήρχε τίποτα άλλο παρά γυμνό, γκρίζο, αμμώδες έδαφος
there was nothing but bare, gray, sandy ground
αυτή η άγονη γη απλωνόταν μέχρι τη δίνη
this barren land stretched out to the whirlpool
το νερό ήταν σαν ρόδες που αφρίζουν
the water was like foaming mill wheels
και οι δίνες άρπαξαν ό,τι έφτανε
and the whirlpools seized everything that came within reach
οι δίνες ρίχνουν τη λεία τους στο απέραντο βάθος
the whirlpools cast their prey into the fathomless deep
Μέσα από αυτές τις συντριπτικές δίνες έπρεπε να περάσει
Through these crushing whirlpools she had to pass
μόνο τότε θα μπορούσε να φτάσει στις κυριαρχίες της θαλάσσιας μάγισσας
only then could she reach the dominions of the sea witch
Μετά από αυτό ήρθε ένα τέντωμα ζεστού, αναβράζοντος βούρκου
after this came a stretch of warm, bubbling mire
η μάγισσα της θάλασσας φώναζε τον λάσπη που έβγαζε φυσαλίδες τον χλοοτάπητα της

the sea witch called the bubbling mire her turf moor

Πέρα από τον χλοοτάπητα της ήταν το σπίτι της μάγισσας
Beyond her turf moor was the witch's house
το σπίτι της βρισκόταν στο κέντρο ενός παράξενου δάσους
her house stood in the centre of a strange forest
σε αυτό το δάσος όλα τα δέντρα και τα λουλούδια ήταν πολύπιοι
in this forest all the trees and flowers were polypi
αλλά ήταν μόνο μισό φυτό? το άλλο μισό ήταν ζώο
but they were only half plant; the other half was animal
Έμοιαζαν με φίδια με εκατό κεφάλια
They looked like serpents with a hundred heads
και κάθε φίδι μεγάλωνε από το έδαφος
and each serpent was growing out of the ground
Τα κλαδιά τους ήταν μακριά, γλοιώδη μπράτσα
Their branches were long, slimy arms
και είχαν δάχτυλα σαν εύκαμπτα σκουλήκια
and they had fingers like flexible worms
κάθε άκρο τους, από τη ρίζα μέχρι την κορυφή, κινούνταν
each of their limbs, from the root to the top, moved
Ό,τι μπορούσε να φτάσει στη θάλασσα που άρπαξαν
All that could be reached in the sea they seized upon
και ό,τι έπιαναν το κρατούσαν σφιχτά
and what they caught they held on tightly to
ώστε ό,τι έπιαναν να μην ξέφευγε ποτέ από τα νύχια τους
so that what they caught never escaped from their clutches

Η μικρή γοργόνα ανησύχησε με αυτό που είδε
The little mermaid was alarmed at what she saw
έμεινε ακίνητη και η καρδιά της χτυπούσε από φόβο
she stood still and her heart beat with fear

Έφτασε πολύ κοντά στο να γυρίσει πίσω
She came very close to turning back
αλλά σκέφτηκε τον όμορφο πρίγκιπα
but she thought of the beautiful prince
και σκέφτηκε την ανθρώπινη ψυχή που λαχταρούσε
and she thought of the human soul for which she longed
με αυτές τις σκέψεις το θάρρος της επέστρεψε
with these thoughts her courage returned
Έδεσε τα μακριά, γεμάτα μαλλιά της γύρω από το κεφάλι της
She fastened her long, flowing hair round her head
ώστε η πολύπη να μην πιάσει τα μαλλιά της
so that the polypi could not grab hold of her hair
και σταύρωσε τα χέρια της στο στήθος της
and she crossed her hands across her bosom
και μετά έτρεξε μπροστά σαν ψάρι μέσα στο νερό
and then she darted forward like a fish through the water
ανάμεσα στα λεπτά μπράτσα και τα δάχτυλα του άσχημου πολύποδα
between the subtle arms and fingers of the ugly polypi
οι πολύποδες ήταν απλωμένες σε κάθε πλευρά της
the polypi were stretched out on each side of her
Είδε ότι όλοι κρατούσαν κάτι στα χέρια τους
She saw that they all held something in their grasp
κάτι που είχαν αρπάξει με τα πολυάριθμα μπρατσάκια τους
something they had seized with their numerous little arms
κρατούσαν λευκούς σκελετούς ανθρώπινων όντων
they were holding white skeletons of human beings
ναύτες που είχαν χαθεί στη θάλασσα σε καταιγίδες
sailors who had perished at sea in storms
ναύτες που είχαν βυθιστεί στα βαθιά νερά
sailors who had sunk down into the deep waters
και υπήρχαν σκελετοί από ζώα της ξηράς
and there were skeletons of land animals
και υπήρχαν κουπιά, πηδάλια και σεντούκια πλοίων

and there were oars, rudders, and chests of ships
Υπήρχε ακόμη και μια μικρή γοργόνα που είχαν πιάσει
There was even a little mermaid whom they had caught
η καημένη η γοργόνα πρέπει να στραγγαλίστηκε από τα χέρια
the poor mermaid must have been strangled by the hands
της φαινόταν αυτό το πιο συγκλονιστικό από όλα
to her this seemed the most shocking of all

τελικά, έφτασε σε ένα χώρο ελώδους εδάφους στο δάσος
finally, she came to a space of marshy ground in the woods
εδώ υπήρχαν μεγάλα παχιά νεροφίδια που κυλούσαν στο βούρκο
here there were large fat water snakes rolling in the mire
τα φίδια έδειχναν το άσχημο, μονόχρωμο σώμα τους
the snakes showed their ugly, drab-colored bodies
Στη μέση αυτού του σημείου βρισκόταν ένα σπίτι
In the midst of this spot stood a house
το σπίτι χτίστηκε από οστά ναυαγών ανθρώπων
the house was built of the bones of shipwrecked human beings
και στο σπίτι καθόταν η μάγισσα της θάλασσας
and in the house sat the sea witch
άφηνε έναν φρύνο να φάει από το στόμα της
she was allowing a toad to eat from her mouth
όπως όταν οι άνθρωποι ταΐζουν ένα καναρίνι με κομμάτια ζάχαρης
just like when people feed a canary with pieces of sugar
Ονόμασε τα άσχημα νεροφίδια τα κοτοπουλάκια της
She called the ugly water snakes her little chickens
και άφησε τα κοτοπουλάκια της να σέρνονται παντού
and she allowed her little chickens to crawl all over her

«Ξέρω τι θέλεις», είπε η μάγισσα της θάλασσας
"I know what you want," said the sea witch

«Είναι πολύ ανόητο εκ μέρους σου να θέλεις κάτι τέτοιο»
"It is very stupid of you to want such a thing"
«αλλά θα έχεις τον τρόπο σου, όσο ανόητο κι αν είναι»
"but you shall have your way, however stupid it is"
«αν και η ευχή σου θα σε λυπήσει, όμορφη πριγκίπισσα μου»
"though your wish will bring you to sorrow, my pretty princess"
«Θέλεις να απαλλαγείς από την ουρά της γοργόνας σου»
"You want to get rid of your mermaid's tail"
"και θέλεις να έχεις δύο κούτσουρα"
"and you want to have two stumps instead"
"αυτό θα σας κάνει σαν τους ανθρώπους στη γη"
"this will make you like the human beings on earth"
"και τότε ο νεαρός πρίγκιπας μπορεί να σε ερωτευτεί"
"and then the young prince might fall in love with you"
"και τότε μπορεί να έχεις μια αθάνατη ψυχή"
"and then you might have an immortal soul"
η μάγισσα γέλασε δυνατά και αηδιαστικά
the witch laughed loud and disgustingly
ο φρύνος και τα φίδια έπεσαν στο έδαφος
the toad and the snakes fell to the ground
και ξάπλωσαν εκεί κουνώντας στο πάτωμα
and they lay there wriggling on the floor
«Ήρθες σε μένα την ώρα», είπε η μάγισσα
"You came to me just in time," said the witch
"μετά την ανατολή αύριο θα ήταν πολύ αργά"
"after sunrise tomorrow it would have been too late"
«Μετά αύριο δεν θα μπορούσα να σε βοηθήσω μέχρι το τέλος ενός χρόνου»
"after tomorrow I would not have been able to help you till the end of another year"
«Θα σου ετοιμάσω ένα φίλτρο»
"I will prepare a potion for you"

"κολυμπήστε μέχρι τη στεριά αύριο, πριν την ανατολή του ηλίου"
"swim up to the land tomorrow, before sunrise"
«Κάτσε εκεί και πιες το φίλτρο»
"seat yourself there and drink the potion"
"αφού πιεις το φίλτρο η ουρά σου θα εξαφανιστεί"
"after you drink the potion your tail will disappear"
"και τότε θα έχεις αυτό που οι άντρες λένε πόδια"
"and then you will have what men call legs"

"Όλοι θα πουν ότι είσαι το πιο όμορφο κορίτσι στον κόσμο"
"all will say you are the prettiest girl in the world"
"αλλά για αυτό θα πρέπει να υπομείνετε μεγάλο πόνο"
"but for this you will have to endure great pain"
«Θα είναι σαν να περνάει από μέσα σου ένα σπαθί»
"it will be as if a sword were passing through you"
«Θα έχεις ακόμα την ίδια χάρη στην κίνηση»
"You will still have the same gracefulness of movement"
"Θα είναι σαν να επιπλέεις πάνω από το έδαφος"
"it will be as if you are floating over the ground"
"Και κανένας χορευτής δεν θα περπατήσει τόσο ελαφρά όσο εσύ"
"and no dancer will ever tread as lightly as you"
"αλλά κάθε βήμα που κάνεις θα σου προκαλέσει μεγάλο πόνο"
"but every step you take will cause you great pain"
«Θα είναι σαν να πατάς πάνω σε αιχμηρά μαχαίρια»
"it will be as if you were treading upon sharp knives"
«Αν αντέχεις όλα αυτά τα βάσανα, θα σε βοηθήσω»
"If you bear all this suffering, I will help you"
η μικρή γοργόνα σκέφτηκε τον πρίγκιπα
the little mermaid thought of the prince
και σκέφτηκε την ευτυχία μιας αθάνατης ψυχής
and she thought of the happiness of an immortal soul
«Ναι, θα το κάνω», είπε η μικρή πριγκίπισσα

"Yes, I will," said the little princess
αλλά, όπως φαντάζεσαι, η φωνή της έτρεμε από φόβο
but, as you can imagine, her voice trembled with fear

«Μην βιάζεσαι σε αυτό», είπε η μάγισσα
"do not rush into this," said the witch
«Αφού διαμορφωθείς σαν άνθρωπος, δεν μπορείς να επιστρέψεις ποτέ»
"once you are shaped like a human, you can never return"
"και δεν θα ξαναπάρεις τη μορφή γοργόνας"
"and you will never again take the form of a mermaid"
«Δεν θα επιστρέψεις ποτέ μέσα από το νερό στις αδερφές σου»
"You will never return through the water to your sisters"
«Ούτε θα ξαναπάς στο παλάτι του πατέρα σου»
"nor will you ever go to your father's palace again"
«Θα πρέπει να κερδίσεις την αγάπη του πρίγκιπα»
"you will have to win the love of the prince"
«Πρέπει να είναι πρόθυμος να ξεχάσει τον πατέρα και τη μητέρα του για σένα»
"he must be willing to forget his father and mother for you"
"και πρέπει να σε αγαπάει με όλη του την ψυχή"
"and he must love you with all of his soul"
"Ο ιερέας πρέπει να ενώσει τα χέρια σας"
"the priest must join your hands together"
"και πρέπει να σε κάνει άντρα και γυναίκα σε ιερό γάμο"
"and he must make you man and wife in holy matrimony"
"Μόνο τότε θα έχεις αθάνατη ψυχή"
"only then will you have an immortal soul"
«Αλλά δεν πρέπει ποτέ να του επιτρέψεις να παντρευτεί άλλη γυναίκα»
"but you must never allow him to marry another woman"
"Το πρωί αφού παντρευτεί μια άλλη γυναίκα, η καρδιά σου θα σπάσει"

"the morning after he marries another woman, your heart will break"
"και θα γίνεις αφρός στην κορυφή των κυμάτων"
"and you will become foam on the crest of the waves"
η μικρή γοργόνα έγινε χλωμή σαν τον θάνατο
the little mermaid became as pale as death
«Θα το κάνω», είπε η μικρή γοργόνα
"I will do it," said the little mermaid

«Μα πρέπει να πληρωθώ κι εγώ», είπε η μάγισσα
"But I must be paid, also," said the witch
"Και δεν είναι ασήμαντο αυτό που ζητάω"
"and it is not a trifle that I ask for"
"Έχεις την πιο γλυκιά φωνή από οποιονδήποτε μένει εδώ"
"You have the sweetest voice of any who dwell here"
"Πιστεύεις ότι μπορείς να γοητεύσεις τον πρίγκιπα με τη φωνή σου"
"you believe that you can charm the prince with your voice"
«Μα την όμορφη φωνή σου πρέπει να μου δώσεις»
"But your beautiful voice you must give to me"
"Το καλύτερο πράγμα που έχεις είναι η τιμή του φίλτρου μου"
"The best thing you possess is the price of my potion"
"Το φίλτρο πρέπει να ανακατευτεί με το δικό μου αίμα"
"the potion must be mixed with my own blood"
"Μόνο αυτό το μείγμα κάνει το φίλτρο κοφτερό σαν δίκοπο σπαθί"
"only this mixture makes the potion as sharp as a two-edged sword"

η μικρή γοργόνα προσπάθησε να αντιταχθεί στο κόστος
the little mermaid tried to object to the cost
«Μα αν μου αφαιρέσεις τη φωνή...» είπε η μικρή γοργόνα

"But if you take away my voice..." said the little mermaid
«Αν μου αφαιρέσεις τη φωνή, τι μου μένει;»
"if you take away my voice, what is left for me?"
«Η όμορφη μορφή σου», πρότεινε η μάγισσα της θάλασσας
"Your beautiful form," suggested the sea witch
"το χαριτωμένο περπάτημα σου και τα εκφραστικά σου μάτια"
"your graceful walk, and your expressive eyes"
«Σίγουρα, με αυτά τα πράγματα μπορείς να δεσμεύσεις την καρδιά ενός άντρα;»
"Surely, with these things you can enchain a man's heart?"
«Λοιπόν, έχασες το κουράγιο σου;» ρώτησε η μάγισσα της θάλασσας
"Well, have you lost your courage?" the sea witch asked
«Βγάλε τη γλώσσα σου να την κόψω»
"Put out your little tongue, so that I can cut it off"
"τότε θα έχεις το δυνατό φίλτρο"
"then you shall have the powerful potion"
«Θα γίνει», είπε η μικρή γοργόνα
"It shall be," said the little mermaid

Τότε η μάγισσα έβαλε το καζάνι της στη φωτιά
Then the witch placed her cauldron on the fire
«Η καθαριότητα είναι καλό πράγμα», είπε η μάγισσα της θάλασσας
"Cleanliness is a good thing," said the sea witch
καθάρισε τα αγγεία για το σωστό φίδι
she scoured the vessels for the right snake
όλα τα φίδια είχαν δεθεί μεταξύ τους σε έναν μεγάλο κόμπο
all the snakes had been tied together in a large knot
Μετά τρύπησε τον εαυτό της στο στήθος
Then she pricked herself in the breast
και άφησε το μαύρο αίμα να πέσει στο καζάνι
and she let the black blood drop into the caldron

Ο ατμός που σηκώθηκε συστράφηκε σε φρικτά σχήματα
The steam that rose twisted itself into horrible shapes
κανένας δεν μπορούσε να δει τα σχήματα χωρίς φόβο
no person could look at the shapes without fear
Κάθε στιγμή η μάγισσα έριχνε νέα συστατικά στο δοχείο
Every moment the witch threw new ingredients into the vessel
τελικά, με όλα μέσα, το καζάνι άρχισε να βράζει
finally, with everything inside, the caldron began to boil
ακουγόταν ο ήχος σαν το κλάμα του κροκόδειλου
there was the sound like the weeping of a crocodile
και επιτέλους το μαγικό φίλτρο ήταν έτοιμο
and at last the magic potion was ready
παρά τα συστατικά του, το φίλτρο έμοιαζε με το πιο καθαρό νερό
despite its ingredients, the potion looked like the clearest water
«Εδώ είναι, όλα για σένα», είπε η μάγισσα
"There it is, all for you," said the witch
και μετά έκοψε τη γλώσσα της μικρής γοργόνας
and then she cut off the little mermaid's tongue
έτσι ώστε η μικρή γοργόνα να μην μπορέσει ποτέ ξανά να μιλήσει, ούτε να τραγουδήσει ξανά
so that the little mermaid could never again speak, nor sing again
"Ο πολύπιος μπορεί να προσπαθήσει να σε αρπάξει στην έξοδο"
"the polypi might try and grab you on the way out"
"Αν προσπαθήσουν, ρίξτε πάνω τους μερικές σταγόνες από το φίλτρο"
"if they try, throw over them a few drops of the potion"
«και τα δάχτυλά τους θα σχιστούν σε χίλια κομμάτια»
"and their fingers will be torn into a thousand pieces"
Αλλά η μικρή γοργόνα δεν είχε καμία ανάγκη να το κάνει αυτό

But the little mermaid had no need to do this
ο πολύπιος ξεπήδησε τρομαγμένος όταν την είδαν
the polypi sprang back in terror when they saw her
είδαν ότι είχε χάσει τη γλώσσα της από τη μάγισσα της θάλασσας
they saw she had lost her tongue to the sea witch
και είδαν ότι κουβαλούσε το φίλτρο
and they saw she was carrying the potion
το φίλτρο έλαμπε στο χέρι της σαν αστέρι που λάμπει
the potion shone in her hand like a twinkling star

Έτσι πέρασε γρήγορα μέσα από το ξύλο και το έλος
So she passed quickly through the wood and the marsh
και πέρασε ανάμεσα στις ορμητικές δίνες
and she passed between the rushing whirlpools
σύντομα πήρε το δρόμο της επιστροφής στο παλάτι του πατέρα της
soon she made her way back to the palace of her father
όλοι οι πυρσοί στην αίθουσα χορού είχαν σβήσει
all the torches in the ballroom were extinguished
όλοι μέσα στο παλάτι πρέπει τώρα να κοιμούνται
all within the palace must now be asleep
Όμως δεν μπήκε μέσα να τους δει
But she did not go inside to see them
ήξερε ότι θα τους άφηνε για πάντα
she knew she was going to leave them forever
και ήξερε ότι η καρδιά της θα ραγίσει αν τους έβλεπε
and she knew her heart would break if she saw them
πήγε στον κήπο για τελευταία φορά
she went into the garden one last time
και πήρε ένα λουλούδι από κάθε μια από τις αδερφές της
and she took a flower from each one of her sisters
και μετά σηκώθηκε μέσα από τα σκούρα μπλε νερά
and then she rose up through the dark-blue waters

Η Μικρή Γοργόνα συναντά τον Πρίγκιπα
The Little Mermaid Meets the Prince

η μικρή γοργόνα έφτασε στο παλάτι του πρίγκιπα
the little mermaid arrived at the prince's palace
ο ήλιος δεν είχε ανατείλει ακόμη από τη θάλασσα
the sun had not yet risen from the sea
και το φεγγάρι έλαμπε καθαρό και λαμπερό μέσα στη νύχτα
and the moon shone clear and bright in the night
η μικρή γοργόνα κάθισε στα όμορφα μαρμάρινα σκαλιά
the little mermaid sat at the beautiful marble steps
και μετά η μικρή γοργόνα ήπιε το μαγικό φίλτρο
and then the little mermaid drank the magic potion
ένιωσε το κόψιμο ενός δίκοπου ξίφους να τη διατρέχει
she felt the cut of a two-edged sword cut through her
και έπεσε σε λιποθυμία και ξάπλωσε σαν νεκρή
and she fell into a swoon, and lay like one dead
ο ήλιος ανέτειλε από τη θάλασσα και έλαμψε πάνω από τη στεριά
the sun rose from the sea and shone over the land
συνήλθε και ένιωσε τον πόνο από το κόψιμο
she recovered and felt the pain from the cut
αλλά μπροστά της στεκόταν ο όμορφος νεαρός πρίγκιπας
but before her stood the handsome young prince

Καρφώθηκε τα μαύρα μάτια του στη μικρή γοργόνα
He fixed his coal-black eyes upon the little mermaid
κοίταξε τόσο σοβαρά που εκείνη κατέβασε τα μάτια της
he looked so earnestly that she cast down her eyes
και τότε συνειδητοποίησε ότι η ουρά του ψαριού της είχε φύγει
and then she became aware that her fish's tail was gone
είδε ότι είχε το πιο όμορφο ζευγάρι λευκά πόδια

she saw that she had the prettiest pair of white legs
και είχε μικροσκοπικά πόδια, όπως θα είχε κάθε μικρό κορίτσι
and she had tiny feet, as any little maiden would have
Όμως, έχοντας έρθει από τη θάλασσα, δεν είχε ρούχα
But, having come from the sea, she had no clothes
έτσι τυλίχθηκε στα μακριά, πυκνά μαλλιά της
so she wrapped herself in her long, thick hair
Ο πρίγκιπας τη ρώτησε ποια ήταν και από πού ήρθε
The prince asked her who she was and whence she came
Τον κοίταξε ήπια και λυπημένη
She looked at him mildly and sorrowfully
αλλά έπρεπε να απαντήσει με τα καταγάλανα μάτια της
but she had to answer with her deep blue eyes
γιατί η μικρή γοργόνα δεν μπορούσε να μιλήσει άλλο
because the little mermaid could not speak anymore
Την πήρε από το χέρι και την οδήγησε στο παλάτι
He took her by the hand and led her to the palace

Κάθε βήμα της ήταν όπως είχε πει η μάγισσα ότι θα ήταν
Every step she took was as the witch had said it would be
ένιωθε σαν να πατούσε πάνω σε αιχμηρά μαχαίρια
she felt as if she were treading upon sharp knives
Υπέφερε όμως πρόθυμα τον πόνο της επιθυμίας της
She bore the pain of her wish willingly, however
και κινήθηκε στο πλευρό του πρίγκιπα τόσο ανάλαφρη σαν φούσκα
and she moved at the prince's side as lightly as a bubble
όλοι όσοι την είδαν απορούσαν με τις χαριτωμένες, ταλαντευόμενες κινήσεις της
all who saw her wondered at her graceful, swaying movements
Πολύ σύντομα ντύθηκε με ακριβές ρόμπες από μετάξι και μουσελίνα

She was very soon arrayed in costly robes of silk and muslin
και ήταν το πιο όμορφο πλάσμα στο παλάτι
and she was the most beautiful creature in the palace
αλλά φαινόταν χαζή και δεν μπορούσε ούτε να μιλήσει ούτε να τραγουδήσει
but she appeared dumb, and could neither speak nor sing

υπήρχαν όμορφες σκλάβες, ντυμένες με μετάξι και χρυσό
there were beautiful female slaves, dressed in silk and gold
βγήκαν μπροστά και τραγούδησαν μπροστά στη βασιλική οικογένεια
they stepped forward and sang in front of the royal family
κάθε σκλάβος μπορούσε να τραγουδήσει καλύτερα από τον επόμενο
each slave could sing better than the next one
και ο πρίγκιπας χτύπησε τα χέρια του και της χαμογέλασε
and the prince clapped his hands and smiled at her
Αυτή ήταν μια μεγάλη λύπη για τη μικρή γοργόνα
This was a great sorrow to the little mermaid
ήξερε πόσο πιο γλυκά μπορούσε να τραγουδήσει
she knew how much more sweetly she was able to sing
"Μακάρι να ήξερε ότι έχω δώσει τη φωνή μου για να είμαι μαζί του!"
"if only he knew I have given away my voice to be with him!"

υπήρχε μουσική που έπαιζε μια ορχήστρα
there was music being played by an orchestra
και οι σκλάβοι έκαναν μερικούς όμορφους χορούς σαν νεράιδες
and the slaves performed some pretty, fairy-like dances
Τότε η μικρή γοργόνα σήκωσε τα υπέροχα λευκά της χέρια
Then the little mermaid raised her lovely white arms
στάθηκε στις άκρες των ποδιών της σαν μπαλαρίνα

she stood on the tips of her toes like a ballerina
και γλίστρησε στο πάτωμα σαν πουλί πάνω από το νερό
and she glided over the floor like a bird over water
και χόρεψε καθώς κανείς δεν είχε μπορέσει ακόμη να χορέψει
and she danced as no one yet had been able to dance
Κάθε στιγμή η ομορφιά της αποκαλυπτόταν περισσότερο
At each moment her beauty was more revealed
Το πιο ελκυστικό από όλα, στην καρδιά, ήταν τα εκφραστικά μάτια της
most appealing of all, to the heart, were her expressive eyes
Όλοι μαγεύτηκαν από αυτήν, ειδικά ο πρίγκιπας
Everyone was enchanted by her, especially the prince
ο πρίγκιπας την αποκάλεσε το κωφό παιδάκι του
the prince called her his deaf little foundling
και συνέχισε χαρούμενη να χορεύει, για να ευχαριστήσει τον πρίγκιπα
and she happily continued to dance, to please the prince
αλλά πρέπει να θυμόμαστε τον πόνο που υπέμεινε για την ευχαρίστησή του
but we must remember the pain she endured for his pleasure
κάθε βήμα στο πάτωμα ένιωθε σαν να πατούσε αιχμηρά μαχαίρια
every step on the floor felt as if she trod on sharp knives

Ο πρίγκιπας είπε ότι θα έπρεπε να είναι πάντα μαζί του
The prince said she should remain with him always
και της δόθηκε η άδεια να κοιμηθεί στην πόρτα του
and she was given permission to sleep at his door
της έφεραν ένα βελούδινο μαξιλάρι για να ξαπλώσει
they brought a velvet cushion for her to lie on
και ο πρίγκιπας της έφτιαξαν ένα φόρεμα από σελίδα
and the prince had a page's dress made for her
έτσι μπορούσε να τον συνοδεύσει έφιππος
this way she could accompany him on horseback

Περπατούσαν μαζί μέσα στα δάση με γλυκό άρωμα
They rode together through the sweet-scented woods
στο δάσος τα πράσινα κλαδιά άγγιξαν τους ώμους τους
in the woods the green branches touched their shoulders
και τα πουλάκια τραγουδούσαν ανάμεσα στα φρέσκα φύλλα
and the little birds sang among the fresh leaves
Ανέβηκε μαζί του στις κορυφές των ψηλών βουνών
She climbed with him to the tops of high mountains
και παρόλο που τα τρυφερά της πόδια αιμορραγούσαν, μόνο χαμογέλασε
and although her tender feet bled, she only smiled
τον ακολούθησε μέχρι που τα σύννεφα ήταν από κάτω τους
she followed him till the clouds were beneath them
σαν ένα κοπάδι πουλιών που πετά σε μακρινές χώρες
like a flock of birds flying to distant lands

όταν όλοι κοιμόντουσαν, κάθισε στα φαρδιά μαρμάρινα σκαλοπάτια
when all were asleep she sat on the broad marble steps
διευκόλυνε τα φλεγόμενα πόδια της να τα λούσει στο κρύο νερό
it eased her burning feet to bathe them in the cold water
Τότε ήταν που σκέφτηκε όλους εκείνους στη θάλασσα
It was then that she thought of all those in the sea
Μια φορά, κατά τη διάρκεια της νύχτας, οι αδερφές της ανέβηκαν, αγκαλιά
Once, during the night, her sisters came up, arm in arm
τραγουδούσαν λυπημένα καθώς επέπλεαν στο νερό
they sang sorrowfully as they floated on the water
Τους έγνεψε και την αναγνώρισαν
She beckoned to them, and they recognized her
της είπαν πώς είχαν στεναχωρήσει τη μικρότερη αδερφή τους
they told her how they had grieved their youngest sister

μετά από αυτό, έρχονταν στο ίδιο μέρος κάθε βράδυ
after that, they came to the same place every night
Κάποτε είδε από μακριά τη γριά γιαγιά της
Once she saw in the distance her old grandmother
δεν είχε βγει στην επιφάνεια της θάλασσας για πολλά χρόνια
she had not been to the surface of the sea for many years
και ο γέρος Βασιλιάς της Θάλασσας, ο πατέρας της, με το στέμμα του στο κεφάλι
and the old Sea King, her father, with his crown on his head
ήρθε κι αυτός εκεί που μπορούσε να τον δει
he too came to where she could see him
Άπλωσαν τα χέρια τους προς το μέρος της
They stretched out their hands towards her
αλλά δεν τολμούσαν τόσο κοντά στη γη όσο οι αδερφές της
but they did not venture as near the land as her sisters

Όσο περνούσαν οι μέρες, αγαπούσε τον πρίγκιπα πιο πολύ
As the days passed she loved the prince more dearly
και την αγαπούσε όπως θα αγαπούσε κανείς ένα μικρό παιδί
and he loved her as one would love a little child
Δεν του ήρθε ποτέ η σκέψη να την κάνει γυναίκα του
The thought never came to him to make her his wife
αλλά, αν δεν την παντρευόταν, η επιθυμία της δεν θα γινόταν ποτέ πραγματικότητα
but, unless he married her, her wish would never come true
αν δεν την παντρευόταν δεν θα μπορούσε να λάβει αθάνατη ψυχή
unless he married her she could not receive an immortal soul
και αν παντρευόταν άλλη τα όνειρά της θα γκρεμίζονταν
and if he married another her dreams would shatter
το πρωί μετά τον γάμο του θα διαλυόταν

on the morning after his marriage she would dissolve
και η μικρή γοργόνα θα γινόταν ο αφρός της θάλασσας
and the little mermaid would become the foam of the sea

ο πρίγκιπας πήρε τη μικρή γοργόνα στην αγκαλιά του
the prince took the little mermaid in his arms
και τη φίλησε στο μέτωπό της
and he kissed her on her forehead
με τα μάτια της προσπάθησε να τον ρωτήσει
with her eyes she tried to ask him
«Δεν με αγαπάς περισσότερο απ' όλους;»
"Do you not love me the most of them all?"
«Ναι, είσαι αγαπητός για μένα», είπε ο πρίγκιπας
"Yes, you are dear to me," said the prince
"γιατί έχεις την καλύτερη καρδιά"
"because you have the best heart"
"και είσαι η πιο αφοσιωμένη σε μένα"
"and you are the most devoted to me"
«Είσαι σαν μια νεαρή κοπέλα που την είδα κάποτε»
"You are like a young maiden whom I once saw"
"αλλά δεν θα ξανασυναντήσω αυτή τη νεαρή κοπέλα"
"but I shall never meet this young maiden again"
«Ήμουν σε ένα πλοίο που ναυάγησε»
"I was in a ship that was wrecked"
«και τα κύματα με πέταξαν στη στεριά κοντά σε έναν ιερό ναό»
"and the waves cast me ashore near a holy temple"
«στο ναό πολλές νεαρές κοπέλες έκαναν τη λειτουργία»
"at the temple several young maidens performed the service"
«Το μικρότερο κορίτσι με βρήκε στην ακτή»
"The youngest maiden found me on the shore"
«Και η μικρότερη από τις κοπέλες μου έσωσε τη ζωή»
"and the youngest of the maidens saved my life"
«Την είδα αλλά δύο φορές», εξήγησε
"I saw her but twice," he explained

"και είναι η μόνη στον κόσμο που θα μπορούσα να αγαπήσω"
"and she is the only one in the world whom I could love"
«Μα εσύ είσαι σαν αυτήν», καθησύχασε τη μικρή γοργόνα
"But you are like her," he reassured the little mermaid
"Και έχεις σχεδόν διώξει την εικόνα της από το μυαλό μου"
"and you have almost driven her image from my mind"
«Ανήκει στον ιερό ναό»
"She belongs to the holy temple"
"Η καλή τύχη σε έστειλε αντί για αυτήν σε εμένα"
"good fortune has sent you instead of her to me"
«Δεν θα χωρίσουμε ποτέ», παρηγόρησε τη μικρή γοργόνα
"We will never part," he comforted the little mermaid

αλλά η μικρή γοργόνα δεν μπορούσε παρά να αναστενάζει
but the little mermaid could not help but sigh
«Δεν ξέρει ότι ήμουν εγώ που του έσωσα τη ζωή»
"he knows not that it was I who saved his life"
«Τον μετέφεραν πάνω από τη θάλασσα εκεί που βρίσκεται ο ναός»
"I carried him over the sea to where the temple stands"
«Κάθισα κάτω από τον αφρό μέχρι που ήρθε ο άνθρωπος να τον βοηθήσει»
"I sat beneath the foam till the human came to help him"
«Είδα την όμορφη κοπέλα που αγαπάει»
"I saw the pretty maiden that he loves"
"Η όμορφη κοπέλα που αγαπά περισσότερο από εμένα"
"the pretty maiden that he loves more than me"
Η γοργόνα αναστέναξε βαθιά, αλλά δεν μπορούσε να κλάψει
The mermaid sighed deeply, but she could not weep
«Λέει ότι η κοπέλα ανήκει στον ιερό ναό»

"He says the maiden belongs to the holy temple"
«επομένως δεν θα επιστρέψει ποτέ στον κόσμο»
"therefore she will never return to the world"
«Δεν θα συναντηθούν άλλο», ήλπιζε η μικρή γοργόνα
"they will meet no more," the little mermaid hoped
«Είμαι δίπλα του και τον βλέπω κάθε μέρα»
"I am by his side and see him every day"
«Θα τον φροντίσω και θα τον αγαπήσω»
"I will take care of him, and love him"
«και θα δώσω τη ζωή μου για χάρη του»
"and I will give up my life for his sake"

Η Ημέρα του Γάμου
The Day of the Wedding

Πολύ σύντομα ειπώθηκε ότι ο πρίγκιπας επρόκειτο να παντρευτεί
Very soon it was said that the prince was going to marry
εκεί ήταν η όμορφη κόρη ενός γειτονικού βασιλιά
there was the beautiful daughter of a neighbouring king
ειπώθηκε ότι θα ήταν η γυναίκα του
it was said that she would be his wife
για την περίσταση ένα καλό πλοίο ήταν εξοπλισμένο
for the occasion a fine ship was being fitted out
ο πρίγκιπας είπε ότι σκόπευε μόνο να επισκεφτεί τον βασιλιά
the prince said he intended only to visit the king
νόμιζαν ότι πήγαινε μόνο για να συναντήσει την πριγκίπισσα
they thought he was only going so as to meet the princess
Η μικρή γοργόνα χαμογέλασε και κούνησε το κεφάλι της
The little mermaid smiled and shook her head
Ήξερε τις σκέψεις του πρίγκιπα καλύτερα από τους άλλους
She knew the prince's thoughts better than the others

«Πρέπει να ταξιδέψω», της είχε πει
"I must travel," he had said to her
«Πρέπει να δω αυτή την όμορφη πριγκίπισσα»
"I must see this beautiful princess"
«Οι γονείς μου θέλουν να πάω να τη δω»
"My parents want me to go and see her"
"αλλά δεν θα με υποχρεώσουν να τη φέρω στο σπίτι ως νύφη μου"
"but they will not oblige me to bring her home as my bride"
"Ξέρεις ότι δεν μπορώ να την αγαπήσω"
"you know that I cannot love her"

"γιατί δεν είναι σαν την όμορφη κοπέλα του ναού"
"because she is not like the beautiful maiden in the temple"
"Η όμορφη κοπέλα που της μοιάζεις"
"the beautiful maiden whom you resemble"
«Αν αναγκαζόμουν να διαλέξω νύφη, θα διάλεγα εσένα»
"If I were forced to choose a bride, I would choose you"
"Κωφό μου γέννημα, με αυτά τα εκφραστικά μάτια"
"my deaf foundling, with those expressive eyes"
Μετά φίλησε το ροδαλό στόμα της
Then he kissed her rosy mouth
και έπαιξε με τα μακριά, κυματιστά μαλλιά της
and he played with her long, waving hair
και ακούμπησε το κεφάλι του στην καρδιά της
and he laid his head on her heart
ονειρευόταν την ανθρώπινη ευτυχία και μια αθάνατη ψυχή
she dreamed of human happiness and an immortal soul

στάθηκαν στο κατάστρωμα του ευγενούς πλοίου
they stood on the deck of the noble ship
«Δεν φοβάσαι τη θάλασσα, έτσι; είπε
"You are not afraid of the sea, are you?" he said
το πλοίο έπρεπε να τους μεταφέρει στη γειτονική χώρα
the ship was to carry them to the neighbouring country
Τότε της είπε για καταιγίδες και για ηρεμίες
Then he told her of storms and of calms
της είπε για παράξενα ψάρια βαθιά κάτω από το νερό
he told her of strange fishes deep beneath the water
και της είπε τι είχαν δει εκεί οι δύτες
and he told her of what the divers had seen there
Χαμογέλασε με τις περιγραφές του, ελαφρώς διασκεδασμένη
She smiled at his descriptions, slightly amused
ήξερε καλύτερα τι θαύματα ήταν στον βυθό της θάλασσας

she knew better what wonders were at the bottom of the sea

η μικρή γοργόνα κάθισε στο κατάστρωμα στο φως του φεγγαριού
the little mermaid sat on the deck at moonlight
όλοι στο πλοίο κοιμόντουσαν, εκτός από τον άνδρα στο τιμόνι
all on board were asleep, except the man at the helm
και κοίταξε κάτω μέσα από τα καθαρά νερά
and she gazed down through the clear water
Σκέφτηκε ότι μπορούσε να ξεχωρίσει το κάστρο του πατέρα της
She thought she could distinguish her father's castle
και στο κάστρο έβλεπε τη γερασμένη γιαγιά της
and in the castle she could see her aged grandmother
Τότε οι αδερφές της βγήκαν από τα κύματα
Then her sisters came out of the waves
και κοίταξαν την αδερφή τους πένθιμα
and they gazed at their sister mournfully
Έγνεψε στις αδερφές της και χαμογέλασε
She beckoned to her sisters, and smiled
ήθελε να τους πει πόσο χαρούμενη και ευκατάστατη ήταν
she wanted to tell them how happy and well off she was
Αλλά το αγόρι της καμπίνας πλησίασε και οι αδερφές της βούτηξαν κάτω
But the cabin boy approached and her sisters dived down
νόμιζε ότι αυτό που είδε ήταν ο αφρός της θάλασσας
he thought what he saw was the foam of the sea

Το επόμενο πρωί το πλοίο μπήκε στο λιμάνι
The next morning the ship got into the harbour
είχαν φτάσει σε μια όμορφη παραλιακή πόλη
they had arrived in a beautiful coastal town
κατά την άφιξή τους τους υποδέχτηκαν οι καμπάνες της εκκλησίας

on their arrival they were greeted by church bells
και από τους ψηλούς πύργους ήχησε μια άνθηση από τρομπέτες
and from the high towers sounded a flourish of trumpets
οι στρατιώτες παρατάχθηκαν στους δρόμους από τους οποίους περνούσαν
soldiers lined the roads through which they passed
Στρατιώτες, με έντονα χρώματα και αστραφτερές ξιφολόγχες
Soldiers, with flying colors and glittering bayonets
Κάθε μέρα που ήταν εκεί γινόταν πανηγύρι
Every day that they were there there was a festival
για την εκδήλωση διοργανώθηκαν μπάλες και ψυχαγωγία
balls and entertainments were organised for the event
Όμως η πριγκίπισσα δεν είχε κάνει ακόμη την εμφάνισή της
But the princess had not yet made her appearance
είχε μεγαλώσει και εκπαιδευτεί σε θρησκευτικό σπίτι
she had been brought up and educated in a religious house
μάθαινε κάθε βασιλική αρετή μιας πριγκίπισσας
she was learning every royal virtue of a princess

Επιτέλους, η πριγκίπισσα έκανε τη βασιλική της εμφάνιση
At last, the princess made her royal appearance
Η μικρή γοργόνα ανυπομονούσε να τη δει
The little mermaid was anxious to see her
έπρεπε να μάθει αν ήταν πραγματικά όμορφη
she had to know whether she really was beautiful
και ήταν υποχρεωμένη να παραδεχτεί ότι ήταν πραγματικά όμορφη
and she was obliged to admit she really was beautiful
δεν είχε δει ποτέ πιο τέλειο όραμα ομορφιάς
she had never seen a more perfect vision of beauty
Το δέρμα της ήταν απαλά ανοιχτό

Her skin was delicately fair
και τα γελαστά μπλε μάτια της έλαμπαν από αλήθεια και αγνότητα
and her laughing blue eyes shone with truth and purity
«Ήσουν εσύ», είπε ο πρίγκιπας
"It was you," said the prince
"Μου έσωσες τη ζωή όταν ξάπλωσα σαν νεκρός στην παραλία"
"you saved my life when I lay as if dead on the beach"
«Και κράτησε την κοκκινισμένη νύφη του στην αγκαλιά του»
"and he held his blushing bride in his arms"

"Ω, είμαι πολύ χαρούμενος!" είπε στη μικρή γοργόνα
"Oh, I am too happy!" said he to the little mermaid
«Οι πιο μεγάλες μου ελπίδες έχουν πλέον εκπληρωθεί»
"my fondest hopes are now fulfilled"
«Θα χαρείς την ευτυχία μου»
"You will rejoice at my happiness"
"γιατί η αφοσίωσή σου σε μένα είναι μεγάλη και ειλικρινής"
"because your devotion to me is great and sincere"
Η μικρή γοργόνα φίλησε το χέρι του πρίγκιπα
The little mermaid kissed the prince's hand
και ένιωθε σαν να είχε ήδη ραγίσει η καρδιά της
and she felt as if her heart were already broken
το πρωί του γάμου του επρόκειτο να της φέρει το θάνατο
the morning of his wedding was going to bring death to her
ήξερε ότι επρόκειτο να γίνει ο αφρός της θάλασσας
she knew she was to become the foam of the sea

ο ήχος των καμπάνων της εκκλησίας χτυπούσε στην πόλη
the sound of the church bells rang through the town

οι κήρυκες διέσχισαν την πόλη κηρύσσοντας τον αρραβώνα
the heralds rode through the town proclaiming the betrothal
Το αρωματικό λάδι έκαιγε σε ασημένια λυχνάρια σε κάθε βωμό
Perfumed oil was burned in silver lamps on every altar
Οι ιερείς κουνούσαν τα θυμιατήρια πάνω από το ζευγάρι
The priests waved the censers over the couple
και η νύφη και ο γαμπρός ένωσαν τα χέρια τους
and the bride and the bridegroom joined their hands
και έλαβαν την ευλογία του επισκόπου
and they received the blessing of the bishop
Η μικρή γοργόνα ήταν ντυμένη με μετάξι και χρυσό
The little mermaid was dressed in silk and gold
σήκωσε το φόρεμα της νύφης, με μεγάλο πόνο
she held up the bride's dress, in great pain
αλλά τα αυτιά της δεν άκουγαν τίποτα από τη γιορτινή μουσική
but her ears heard nothing of the festive music
και τα μάτια της δεν είδαν την ιερή τελετή
and her eyes saw not the holy ceremony
Σκέφτηκε τη νύχτα του θανάτου να έρχεται κοντά της
She thought of the night of death coming to her
και θρηνούσε για όλα όσα είχε χάσει στον κόσμο
and she mourned for all she had lost in the world

εκείνο το βράδυ η νύφη και ο γαμπρός επιβιβάστηκαν στο πλοίο
that evening the bride and bridegroom boarded the ship
τα κανόνια του πλοίου μούγκριζαν για να γιορτάσουν το γεγονός
the ship's cannons were roaring to celebrate the event
και όλες οι σημαίες του βασιλείου κυμάτιζαν
and all the flags of the kingdom were waving
στο κέντρο του πλοίου είχε στηθεί μια σκηνή

in the centre of the ship a tent had been erected
στη σκηνή ήταν οι καναπέδες ύπνου για τους νεόνυμφους
in the tent were the sleeping couches for the newlyweds
οι άνεμοι ήταν ευνοϊκοί για την πλοήγηση στην ήρεμη θάλασσα
the winds were favourable for navigating the calm sea
και το πλοίο γλιστρούσε ομαλά σαν τα πουλιά του ουρανού
and the ship glided as smoothly as the birds of the sky

Όταν σκοτείνιασε, άναψαν μια σειρά από χρωματιστές λάμπες
When it grew dark, a number of colored lamps were lighted
οι ναυτικοί και η βασιλική οικογένεια χόρεψαν χαρούμενα στο κατάστρωμα
the sailors and royal family danced merrily on the deck
Η μικρή γοργόνα δεν μπορούσε να μην σκεφτεί τα γενέθλιά της
The little mermaid could not help thinking of her birthday
τη μέρα που βγήκε από τη θάλασσα για πρώτη φορά
the day that she rose out of the sea for the first time
ανάλογες χαρμόσυνες γιορτές γιορτάζονταν εκείνη την ημέρα
similar joyful festivities were celebrated on that day
σκέφτηκε το θαύμα και την ελπίδα που ένιωσε εκείνη τη μέρα
she thought about the wonder and hope she felt that day
με αυτές τις ευχάριστες αναμνήσεις, συμμετείχε και αυτή στο χορό
with those pleasant memories, she too joined in the dance
στα πόδια της που πονούσαν, στάθηκε στον αέρα
on her paining feet, she poised herself in the air
ο τρόπος με τον οποίο ένα χελιδόνι ετοιμάζεται όταν καταδιώκεται για θήραμα
the way a swallow poises itself when in pursued of prey

οι ναύτες και οι υπηρέτες την επευφημούσαν με απορία
the sailors and the servants cheered her wonderingly
Ποτέ πριν δεν είχε χορέψει τόσο χαριτωμένα
She had never danced so gracefully before
Ένιωθε τα τρυφερά της πόδια σαν να ήταν κομμένα με κοφτερά μαχαίρια
Her tender feet felt as if cut with sharp knives
αλλά ελάχιστα νοιαζόταν για τον πόνο των ποδιών της
but she cared little for the pain of her feet
υπήρχε ένας πολύ πιο οξύς πόνος που διαπερνούσε την καρδιά της
there was a much sharper pain piercing her heart

Ήξερε ότι αυτό ήταν το τελευταίο βράδυ που θα τον έβλεπε ποτέ
She knew this was the last evening she would ever see him
ο πρίγκιπας για τον οποίο είχε εγκαταλείψει τους συγγενείς και το σπίτι της
the prince for whom she had forsaken her kindred and home
Είχε εγκαταλείψει την όμορφη φωνή της για εκείνον
She had given up her beautiful voice for him
και κάθε μέρα υπέφερε για εκείνον ανήκουστο πόνο
and every day she had suffered unheard-of pain for him
τα υπέφερε όλα αυτά, ενώ εκείνος δεν ήξερε τίποτα για τον πόνο της
she suffered all this, while he knew nothing of her pain
ήταν το τελευταίο βράδυ που θα ανέπνεε τον ίδιο αέρα με εκείνον
it was the last evening she would breath the same air as him
ήταν το τελευταίο βράδυ που θα κοίταζε τον ίδιο έναστρο ουρανό
it was the last evening she would gaze on the same starry sky
ήταν το τελευταίο βράδυ που θα κοίταζε τη βαθιά θάλασσα
it was the last evening she would gaze into the deep sea

ήταν το τελευταίο βράδυ που θα κοίταζε την αιώνια νύχτα
it was the last evening she would gaze into the eternal night
μια αιώνια νύχτα χωρίς σκέψεις και όνειρα την περίμενε
an eternal night without thoughts or dreams awaited her
Γεννήθηκε χωρίς ψυχή και τώρα δεν μπορούσε ποτέ να κερδίσει
She was born without a soul, and now she could never win one

Όλα ήταν χαρά και ευθυμία στο πλοίο μέχρι πολύ μετά τα μεσάνυχτα
All was joy and gaiety on the ship until long after midnight
Χαμογέλασε και χόρεψε με τους άλλους στο βασιλικό καράβι
She smiled and danced with the others on the royal ship
αλλά χόρευε ενώ η σκέψη του θανάτου ήταν στην καρδιά της
but she danced while the thought of death was in her heart
έπρεπε να παρακολουθήσει τον πρίγκιπα να χορεύει με την πριγκίπισσα
she had to watch the prince dance with the princess
έπρεπε να παρακολουθήσει πότε ο πρίγκιπας φίλησε την όμορφη νύφη του
she had to watch when the prince kissed his beautiful bride
έπρεπε να την παρακολουθήσει να παίζει με τα κοράκια του πρίγκιπα
she had to watch her play with the prince's raven hair
και έπρεπε να τους παρακολουθήσει να μπαίνουν στη σκηνή, αγκαλιά
and she had to watch them enter the tent, arm in arm

Μετά τον Γάμο
After the Wedding

Αφού έφυγαν όλοι ακίνησαν στο πλοίο
After they had gone all became still on board the ship
μόνο ο πιλότος, που στεκόταν στο τιμόνι, ήταν ακόμα ξύπνιος
only the pilot, who stood at the helm, was still awake
Η μικρή γοργόνα έγειρε στην άκρη του αγγείου
The little mermaid leaned on the edge of the vessel
κοίταξε προς την ανατολή για το πρώτο κοκκίνισμα του πρωινού
she looked towards the east for the first blush of morning
η πρώτη αχτίδα της αυγής, που έμελλε να είναι ο θάνατός της
the first ray of the dawn, which was to be her death
από μακριά είδε τις αδερφές της να σηκώνονται από τη θάλασσα
from far away she saw her sisters rising out of the sea
Ήταν τόσο χλωμοί από τον φόβο όσο κι εκείνη
They were as pale with fear as she was
αλλά τα όμορφα μαλλιά τους δεν κυμάτιζαν πια στον αέρα
but their beautiful hair no longer waved in the wind
«Έχουμε δώσει τα μαλλιά μας στη μάγισσα», είπαν
"We have given our hair to the witch," said they
"για να μην χρειαστεί να πεθάνεις απόψε"
"so that you do not have to die tonight"
"για τα μαλλιά μας έχουμε αυτό το μαχαίρι"
"for our hair we have obtained this knife"
"Πριν ο ήλιος ανατείλει πρέπει να χρησιμοποιήσεις αυτό το μαχαίρι"
"Before the sun rises you must use this knife"
«Πρέπει να ρίξεις το μαχαίρι στην καρδιά του πρίγκιπα»
"you must plunge the knife into the heart of the prince"

«Το ζεστό αίμα του πρίγκιπα πρέπει να πέσει στα πόδια σου»
"the warm blood of the prince must fall upon your feet"
«Και τότε τα πόδια σου θα μεγαλώσουν ξανά μαζί»
"and then your feet will grow together again"
"Οπου έχεις πόδια θα έχεις ξανά ουρά ψαριού"
"where you have legs you will have a fish's tail again"
"Κι όπου ήσουν άνθρωπος θα είσαι ξανά γοργόνα"
"and where you were human you will once more be a mermaid"
"τότε μπορείς να επιστρέψεις να ζήσεις μαζί μας, κάτω από τη θάλασσα"
"then you can return to live with us, under the sea"
"και θα σου δοθούν τα τριακόσια χρόνια γοργόνας"
"and you will be given your three hundred years of a mermaid"
"Και μόνο τότε θα μετατραπείς στον αφρό της αλμυρής θάλασσας"
"and only then will you be changed into the salty sea foam"
«Βιάσου, λοιπόν, είτε αυτός είτε εσύ πρέπει να πεθάνεις πριν την ανατολή του ηλίου.
"Haste, then; either he or you must die before sunrise"
«Η γριά μας η γιαγιά σε θρηνεί μέρα νύχτα»
"our old grandmother mourns for you day and night"
«Της πέφτουν τα άσπρα μαλλιά»
"her white hair is falling out"
"ακριβώς όπως έπεσαν τα μαλλιά μας κάτω από το ψαλίδι της μάγισσας"
"just as our hair fell under the witch's scissors"
«Σκότωσε τον πρίγκιπα και γύρνα πίσω», την παρακάλεσαν
"Kill the prince, and come back," they begged her
«Δεν βλέπετε τις πρώτες κόκκινες ραβδώσεις στον ουρανό;»
"Do you not see the first red streaks in the sky?"
«Σε λίγα λεπτά ο ήλιος θα ανατείλει και θα πεθάνεις»

"In a few minutes the sun will rise, and you will die"
έχοντας κάνει το καλύτερο δυνατό, οι αδερφές της αναστέναξαν βαθιά
having done their best, her sisters sighed deeply
πένθιμα οι αδερφές της βυθίστηκαν πίσω κάτω από τα κύματα
mournfully her sisters sank back beneath the waves
και η μικρή γοργόνα έμεινε με το μαχαίρι στα χέρια
and the little mermaid was left with the knife in her hands

τράβηξε την κατακόκκινη κουρτίνα της σκηνής
she drew back the crimson curtain of the tent
και στη σκηνή είδε την όμορφη νύφη
and in the tent she saw the beautiful bride
το πρόσωπό της ακουμπούσε στο στήθος του πρίγκιπα
her face was resting on the prince's breast
και τότε η μικρή γοργόνα κοίταξε τον ουρανό
and then the little mermaid looked at the sky
στον ορίζοντα η ρόδινη αυγή γινόταν όλο και πιο φωτεινή
on the horizon the rosy dawn grew brighter and brighter
Έριξε μια ματιά στο κοφτερό μαχαίρι στα χέρια της
She glanced at the sharp knife in her hands
και πάλι κάρφωσε τα μάτια της στον πρίγκιπα
and again she fixed her eyes on the prince
Έσκυψε και φίλησε το ευγενές μέτωπό του
She bent down and kissed his noble brow
ψιθύρισε στα όνειρά του το όνομα της νύφης του
he whispered the name of his bride in his dreams
ονειρευόταν την πριγκίπισσα που είχε παντρευτεί
he was dreaming of the princess he had married
το μαχαίρι έτρεμε στο χέρι της μικρής γοργόνας
the knife trembled in the hand of the little mermaid
αλλά πέταξε το μαχαίρι μακριά στη θάλασσα
but she flung the knife far into the sea

εκεί που έπεσε το μαχαίρι το νερό έγινε κόκκινο
where the knife fell the water turned red
οι σταγόνες που ξεπήδησαν έμοιαζαν με αίμα
the drops that spurted up looked like blood
Έριξε μια τελευταία ματιά στον πρίγκιπα που αγαπούσε
She cast one last look upon the prince she loved
ο ήλιος τρύπησε τον ουρανό με τα χρυσά βέλη του
the sun pierced the sky with its golden arrows
και πετάχτηκε από το πλοίο στη θάλασσα
and she threw herself from the ship into the sea
η μικρή γοργόνα ένιωσε το σώμα της να διαλύεται σε αφρό
the little mermaid felt her body dissolving into foam
και το μόνο που ανέβηκε στην επιφάνεια ήταν φυσαλίδες αέρα
and all that rose to the surface were bubbles of air
οι ζεστές ακτίνες του ήλιου έπεσαν πάνω στον κρύο αφρό
the sun's warm rays fell upon the cold foam
αλλά δεν ένιωθε σαν να πέθαινε
but she did not feel as if she were dying
με έναν παράξενο τρόπο ένιωσε τη ζεστασιά του λαμπερού ήλιου
in a strange way she felt the warmth of the bright sun
είδε εκατοντάδες όμορφα διάφανα πλάσματα
she saw hundreds of beautiful transparent creatures
τα πλάσματα επέπλεαν γύρω της
the creatures were floating all around her
μέσα από τα πλάσματα μπορούσε να δει τα λευκά πανιά των πλοίων
through the creatures she could see the white sails of the ships
και ανάμεσα στα πανιά των πλοίων είδε τα κόκκινα σύννεφα στον ουρανό
and between the sails of the ships she saw the red clouds in the sky
Ο λόγος τους ήταν μελωδικός και παιδικός

Their speech was melodious and childlike
αλλά ο λόγος τους δεν ακουγόταν στα αυτιά των θνητών
but their speech could not be heard by mortal ears
ούτε τα σώματά τους μπορούσαν να τα δουν τα θνητά μάτια
nor could their bodies be seen by mortal eyes
Η μικρή γοργόνα κατάλαβε ότι ήταν σαν αυτές
The little mermaid perceived that she was like them
και ένιωθε ότι ανέβαινε όλο και πιο ψηλά
and she felt that she was rising higher and higher
"Πού είμαι;" ρώτησε εκείνη και η φωνή της ακούστηκε αιθέρια
"Where am I?" asked she, and her voice sounded ethereal
δεν υπάρχει γήινη μουσική που θα μπορούσε να τη μιμηθεί
there is no earthly music that could imitate her
«Είσαι από τις κόρες του αέρα», απάντησε μια από αυτές
"you are among the daughters of the air," answered one of them
"Μια γοργόνα δεν έχει αθάνατη ψυχή"
"A mermaid has not an immortal soul"
«Ούτε οι γοργόνες μπορούν να αποκτήσουν αθάνατες ψυχές»
"nor can mermaids obtain immortal souls"
"εκτός αν κερδίσει την αγάπη ενός ανθρώπου"
"unless she wins the love of a human being"
«Στη θέληση του άλλου κρέμεται το αιώνιο πεπρωμένο της»
"on the will of another hangs her eternal destiny"
"Όπως εσύ, έτσι και εμείς δεν έχουμε αθάνατες ψυχές"
"like you, we do not have immortal souls either"
«αλλά μπορούμε να αποκτήσουμε μια αθάνατη ψυχή με τις πράξεις μας»
"but we can obtain an immortal soul by our deeds"

«Πετάμε σε ζεστές χώρες και δροσίζουμε τον αποπνικτικό αέρα»
"We fly to warm countries and cool the sultry air"
"η ζέστη που καταστρέφει την ανθρωπότητα με λοιμό"
"the heat that destroys mankind with pestilence"
«Φοράμε το άρωμα των λουλουδιών»
"We carry the perfume of the flowers"
"και μεταδίδουμε υγεία και αποκατάσταση"
"and we spread health and restoration"

"Επί τριακόσια χρόνια ταξιδεύουμε στον κόσμο έτσι"
"for three hundred years we travel the world like this"
«Εκείνη την περίοδο προσπαθούμε να κάνουμε ό,τι καλό περνάει από το χέρι μας»
"in that time we strive to do all the good in our power"
"Αν τα καταφέρουμε θα λάβουμε μια αθάνατη ψυχή"
"if we succeed we receive an immortal soul"
«και τότε κι εμείς συμμετέχουμε στην ευτυχία της ανθρωπότητας»
"and then we too take part in the happiness of mankind"
"Εσύ, καημένη μικρή γοργόνα, έκανες το καλύτερο"
"You, poor little mermaid, have done your best"
"προσπάθησες με όλη σου την καρδιά να κάνεις όπως κάνουμε εμείς"
"you have tried with your whole heart to do as we are doing"
«Υπέφερες και έχεις υπομείνει έναν τεράστιο πόνο»
"You have suffered and endured an enormous pain"
"Με τις καλές σου πράξεις ανυψώθηκες στον κόσμο των πνευμάτων"
"by your good deeds you raised yourself to the spirit world"
"Και τώρα θα ζεις δίπλα μας για τριακόσια χρόνια"
"and now you will live alongside us for three hundred years"
"Αγωνιζόμενος όπως εμείς, μπορείς να αποκτήσεις μια αθάνατη ψυχή"
"by striving like us, you may obtain an immortal soul"

Η μικρή γοργόνα σήκωσε τα δοξασμένα μάτια της προς τον ήλιο
The little mermaid lifted her glorified eyes toward the sun
για πρώτη φορά ένιωσε τα μάτια της να γεμίζουν δάκρυα
for the first time, she felt her eyes filling with tears

Στο πλοίο που είχε αφήσει υπήρχε ζωή και θόρυβος
On the ship she had left there was life and noise
είδε τον πρίγκιπα και την όμορφη νύφη του να την αναζητούν
she saw the prince and his beautiful bride searching for her
Με λύπη, κοίταξαν τον μαργαριταρένιο αφρό
Sorrowfully, they gazed at the pearly foam
ήταν σαν να ήξεραν ότι είχε ριχτεί στα κύματα
it was as if they knew she had thrown herself into the waves
Αθέατη φίλησε το μέτωπο της νύφης
Unseen, she kissed the forehead of the bride
και μετά σηκώθηκε με τα άλλα παιδιά του αέρα
and then she rose with the other children of the air
μαζί πήγαν σε ένα ροδαλό σύννεφο που επέπλεε από πάνω
together they went to a rosy cloud that floated above

«Μετά από τριακόσια χρόνια», άρχισε να εξηγεί ένας από αυτούς
"After three hundred years," one of them started explaining
«Τότε θα επιπλέουμε στη βασιλεία των ουρανών», είπε εκείνη
"then we shall float into the kingdom of heaven," said she
«Και μπορεί να φτάσουμε εκεί νωρίτερα», ψιθύρισε ένας σύντροφος
"And we may even get there sooner," whispered a companion
«Αόρατα μπορούμε να μπούμε στα σπίτια που υπάρχουν παιδιά»
"Unseen we can enter the houses where there are children"

«Σε μερικά από τα σπίτια βρίσκουμε καλά παιδιά»
"in some of the houses we find good children"
«Αυτά τα παιδιά είναι η χαρά των γονιών τους»
"these children are the joy of their parents"
«και αυτά τα παιδιά αξίζουν την αγάπη των γονιών τους»
"and these children deserve the love of their parents"
«Τέτοια παιδιά μειώνουν το χρόνο της δοκιμασίας μας»
"such children shorten the time of our probation"
"Το παιδί δεν ξέρει πότε πετάμε μέσα από το δωμάτιο"
"The child does not know when we fly through the room"
"και δεν ξέρουν ότι χαμογελάμε από χαρά για την καλή τους συμπεριφορά"
"and they don't know that we smile with joy at their good conduct"
"γιατί τότε η κρίση μας έρχεται μια μέρα νωρίτερα"
"because then our judgement comes one day sooner"
«Βλέπουμε όμως και άτακτα και μοχθηρά παιδιά»
"But we see naughty and wicked children too"
"Όταν βλέπουμε τέτοια παιδιά χύνουμε δάκρυα λύπης"
"when we see such children we shed tears of sorrow"
"και για κάθε δάκρυ που χύνουμε μια μέρα προστίθεται στον χρόνο μας"
"and for every tear we shed a day is added to our time"

www.tranzlaty.com

www.ingramcontent.com/pod-product-compliance
Lightning Source LLC
Chambersburg PA
CBHW012006090526
44590CB00026B/3901